走近科学

王渝生　主编

中国大百科全书出版社

图书在版编目（CIP）数据

走近科学 / 王渝生主编 . -- 北京 : 中国大百科全
书出版社，2025. 1. -- ISBN 978-7-5202-1764-4

Ⅰ . Z228

中国国家版本馆 CIP 数据核字第 20259AQ187 号

出　版　人：刘祚臣
责任编辑：刘敬微
责任校对：黄佳辉
责任印制：李宝丰
出　　　版：中国大百科全书出版社
地　　　址：北京市西城区阜成门北大街 17 号
网　　　址：http://www.ecph.com.cn
电　　　话：010-88390718
印　　　刷：唐山富达印务有限公司
字　　　数：100 千字
印　　　张：8
开　　　本：710 毫米 ×1000 毫米　1/16
版　　　次：2025 年 1 月第 1 版
印　　　次：2025 年 1 月第 1 次印刷
书　　　号：978-7-5202-1764-4
定　　　价：48.00 元

编 委 会

主　编：王渝生

编　委：(按姓氏音序排列)

程忆涵　杜晓冉　胡春玲　黄佳辉

刘敬微　王　宇　余　会　张恒丽

目　录

苏东坡笔下的雨是啥雨

六月二十七日望湖楼醉书·其一

【宋】苏轼

黑云翻墨未遮山，白雨跳珠乱入船。

卷地风来忽吹散，望湖楼下水如天。

这是苏轼所作《六月二十七日望湖楼醉书》五首诗中最著名的一首，描写了美丽西湖的夏日雨景。其大意是：乌云翻滚，好似泼洒的墨汁一般，不过云层尚未把山全部遮住。这时，雨劈头盖脸地下了起来，白花花的雨点像蹦跳的珍珠，乱纷纷溅到船上。忽然之间，一阵狂风卷地而来，吹散了满天乌云。风雨过后，从望湖楼上向西湖望去，只见波光粼粼，水天一色。

苏轼的职场经历

苏轼，中国北宋文学家、书画家。字子瞻，一字和仲，号东坡居士。苏轼幼年受到良好的家教。嘉祐二年（1057），与弟苏辙同科进士及第。六年，应制科试，入三等，除大理评事、签书凤翔府判官。治平二年（1065）正月还朝，判登闻鼓院，二月召试秘阁，直史馆。三年四月，苏洵卒，返蜀居丧。熙宁二年（1069）还朝，任殿中丞、直史馆、判官告院。四年，因与王安石政见不合，出通判杭州，继知密、徐、湖三州。元丰二年（1079）七月在湖州任，以其诗文谤讪新政的罪名被捕入狱，这就是有名的乌台诗案。数月后获释，责授黄州团练副使。七年，诏移汝州团练副使。元丰八年，神宗去世后，起知登州。到官五日，被召还朝。元祐（1086～1094）中，由起居舍人迁中书舍人、翰林学士知制诰、兵部尚书、礼部尚书。因遭新旧两党夹击，其间曾出知杭、颖、扬、定四州。绍圣元年（1094），坐讥刺神宗责贬惠州、儋州。徽宗即位，遇赦北归，于建中靖国元年（1101）卒于常州。高宗即位，追谥"文忠"。

苏轼的这首诗作于谪居杭州、任杭州通判期间，具体时间是北宋熙宁五年（1072）农历六月二十七。这一天，他坐船游西湖，忽遇骤雨，便弃舟上岸，到西湖边的望湖楼上喝酒，于醉醺醺之际写下了这首七言绝句。纵观全诗，诗人描写的景物有远有近，有动有静，有声有色，读来让人产生一种身临其境的感觉。这首诗堪称描写夏季雨景的典范之作。有意思的是，对于这首诗中所描写的雨究竟是什么雨，后人众说纷纭，莫衷一是：有人说，诗人写的是暴雨；也有人说，诗人写的是大雨；还有人说，诗人写的肯定是阵雨。

苏轼这首诗中写的到底是什么雨呢？

大暑至　夏正浓

我们先来分析苏轼游览西湖时的气候背景。在这首诗的题目中，苏轼直接点明了游湖的时间——农历六月二十七。换算为公历，这一天应该在7月下旬，正好处在夏季的最后一个节气——大暑期间。

夏季最炎热的节气有两个，一个是小暑，另一个是大暑。《月令七十二候集解》中说："暑，热也，就热之中分为大小，月初为小，月中为大，今则热气犹大也。"《通纬·孝经援神契》也说："小暑后十五日斗指未为大暑，六月中。小大者，就极热之中，分为大小，初后为小，望后为大也。"

在北半球，相比小暑，大暑往往是一年中天气最炎热的时节。中国古人将大暑分为三候：一候腐草为萤。意思是，到了大暑时节，不但气温偏高，而且经常下雨，导致许多枯死的植物潮湿腐化，细菌大量滋生，到了夜晚，萤火虫便会在腐草败叶上飞来飞去寻找食物。二候土润溽暑。意思是，这段时间的土壤不仅温度高，而且异常潮湿，非常适宜水稻等作物生长。三候大雨时行。意思是，此时节正逢雨热同季，降水量明显比其他时间的降水量多，天空中随时都会有雨水落下来。苏轼游览西湖的时间正是大暑时节。此时，杭州的天气十分炎热，酷暑难耐。大概是热得没法工作，苏轼便打算去西湖乘船游玩避暑，不料，在游玩途中遭遇了一场骤雨。

暴雨至　强度大

那么，苏轼当时遇到的会是暴雨吗？

暴雨是指降水强度很大的雨。按照强度和雨量大小，暴雨可以分为三个等级：一是暴雨，指 12 小时内降水量为 30.0～69.9 毫米，或 24 小时内降水量为 50.0～99.9 毫米的雨。二是大暴雨，指 12 小时内降水量为 70.0～139.9 毫米，或 24 小时内降水量在 100.0～249.9 毫米的雨。三是特大暴雨，指 12 小时内降水量 ≥ 140.0 毫米，或 24 小时内降水量 ≥ 250.0 毫米的雨。

按照暴雨发生和影响的范围，气象专家又把它划分为四种类型：一是局地暴雨。这种暴雨历时较短，持续时间仅有几个小时或几十个小时；影响范围较小，一般只影响几十至几千平方千米内的地区，造成的危害也较轻。二是区域性暴雨。这种暴雨的持续时间可以达 3～7 天，影响范围在 10 万～20 万平方千米或更大，有时在降雨强度极强的情况下，可能会造成区域性的严重暴雨洪涝灾害。三是大范围暴雨。顾名思义，这种暴雨影响的范围更大，持续时间更长，造成的灾害也更大。四是特大范围暴雨。这种暴雨历时最长，一般是由多个地区内的连续多次暴雨组合而成，可断断续续持续 1～3 个月，雨带长时间维持在一定区域内，往往造成重大灾害及重大人员伤亡和财产损失。

从上述暴雨的定义和分类看，我们不难得出结论：苏轼游西湖时遇到的应该不是暴雨，因为当时的降雨强度远没有达到暴雨程度，而且持续时间也很短，这场雨的总降水量不可能达到暴雨级别。

大雨降　如倾盆

排除了暴雨，咱们再来看看大雨。相比暴雨，大雨的强度要小一些，降水量也相应少一些。气象学上有两个关于大雨的标准：一个是看 12 小时内的降水量，如果降水量在 15.0～29.9 毫米，则认定为大雨。另一个是看 24 小时内的降水量，若该数值为 25.0～49.9 毫米，也可认定为大雨。此外，大雨还有三个明显特征：一是雨降如倾盆，模糊成片，根本看不清雨点。二是大量雨水倾泻下来，洼地积水极快。三是能清晰听见雨水下落的"哗哗"声。

对照上面的大雨标准及特征，我们也不难得出结论：诗中所写的并非大雨。首先，苏轼用"白雨跳珠"形容下雨的情景，说明当时的降雨强度并不大，因为雨点用肉眼就能看清，这和大雨

"降如倾盆，模糊成片"的标准相差甚远；其次，"卷地风来忽吹散"，说明这场雨持续的时间很短，从苏轼的行动轨迹来看，也可以得出这一结论，因为他乘船在湖中遭遇降雨后，很快便转向岸边，等到回到望湖楼上，雨已经停了，在如此短暂的时间内，降水量不可能达到大雨级别。

阵雨短　来去快

既然苏轼遇到的这场降雨既不是暴雨，又不是大雨，那么，会是阵雨吗？在气象学上，阵雨是指雨时短促，开始和终止都很突然，降水强度变化很大的雨。它具有以下几个特点：第一，阵雨多发生在夏季，特别是气温较高的盛夏时节，其余三个季节虽然也会发生阵雨，但阵雨出现的次数远不及夏季多。第二，雨时短，雨量不定，也就是说，阵雨持续的时间不像暴雨和大雨那样可达数小时甚至一天，且降水量也没有统一的标准。第三，降雨时间不连续，来得快，去得也快，或者时有时无。第四，强度时小时大，范围分布不均，有的地方下得大，有的地方下得小，有的地方干脆只洒几个雨滴便草草收场。

望湖楼

此外，阵雨还有两个显著特点：一是降自积雨云中。积雨云是盛夏季节经常出现的一种对流云，云体浓厚而庞大，远看像耸立的高山，底部十分阴暗，常有雨幡及碎雨云；二是发生得十分突然。阵雨常出现在夏季原本阳光明媚的天气当中，没有任何征兆，突如其来，令人措手不及。

细分析　结论明

最后，我们结合全诗来分析一下。

首句"黑云翻墨未遮山"，这里的"黑云"即积雨云，因为云底十分阴暗，所以在苏轼看来就像打翻的黑墨水一样，而一个"未"字突出了天气变化之快，符合阵雨"发生突然"的特点。第二句"白雨跳珠乱入船"，诗人用"跳珠"形容白白亮亮的雨点，说明雨点清晰可辨，就像一颗颗胡乱跳动的珍珠一般。第三句"卷地风来忽吹散"，写一阵狂风忽然吹来，湖面上霎时云飞雨散，一个"忽"字突出了天气变化快、降水持续时间很短。最后一句"望湖楼下水如天"，写雨后天晴的景象，此时，"黑云""白雨"统统消失不见，方才的一切好像未曾发生似的，这和阵雨"来得快，去得也快"的特点相吻合。

综上所述，苏轼《六月二十七日望湖楼醉书》诗中所描写的天气现象无疑是阵雨。因为这场突如其来的雨，诗人虽未能游览尽兴，却领略到了不一样的自然景致，因此，他的心情也显得十分愉悦。

苏轼与雨有关的诗句

"水光潋滟晴方好，山色空蒙雨亦奇"，再比如"细雨斜风作晓寒，淡烟疏柳媚晴滩"，还有"莫听穿林打叶声，何妨吟啸且徐行。竹杖芒鞋轻胜马，谁怕？一蓑烟雨任平生。料峭春风吹酒醒，微冷，山头斜照却相迎。回首向来萧瑟处，归去，也无风雨也无晴"。

古代马车究竟能跑多快

速度一直是衡量科技进步的重要标志之一。汽车从发明至今不过 100 余年，在人类文明漫长的发展进程中，畜力车一直是重要的交通工具。以马为动力的辐式双轮车的发明更是世界科技发展史上的重要事件。无论是爱琴海的迈锡尼文明、两河流域的苏美尔文明、尼罗河畔的古埃及文明，还是持续时间最长的中华文明，辐式双轮马车在东西方文明社会的发展进程中都扮演着重要

辽宁辽阳汉墓壁画车马出行图

的角色。以马为动力的畜力车使人类突破了只能依靠双脚出行的局限，极大地拓宽了人类的活动及迁徙范围，有效地促进了不同区域文明之间的交流与融合。

也许你会好奇，古代马车究竟能跑多快？来自中国、日本、英国的测试数据，从不同角度揭示了古代马车的极限速度。

古代马车的三场实验

中 国

2015 年，中央电视台拍摄的专题纪录片《古兵器大揭秘》对中国古代马车进行了模拟实验。实验以复原的中国春秋战国时期带有刃车軎（形如圆筒，套在车轴的两端）的车辆为测试对象，重点对车辆的速度、加速度、稳定性、冲击力等性能进行了测试和实验分析。实验结果显示，中国古代辐式双轮马车，在载荷 3 人的情况下，一般行驶速度为 3 千米/小时，跑行速度为 14 千米/小时。在经过 12 秒加速后，其最高速度可达 21.6 千米/小时。也就是说，21.6 千米/小时是中国古代马车载荷 3 人的极限速度。

秦始皇陵铜车马

日　本

日本学者，特别是京都学派学者，对中国古代物质文化有较为深入的研究和关注。先秦的马车作为中国古代物质文化史的重要内容也受到日本学者的广泛关注。林巳奈夫、菊地大树等学者对中国古代马车进行了深入研究。

菊地大树是研究中国先秦家马的专家，他除了关心先秦家马的饲养和食性以外，对马的身高、体格及拉车的速度也非常关心。2009 年和 2010 年，菊地大树先后在《中国考古学》上发表了两篇有关先秦马车的研究成果。其中，在 2010 年发表的《拉马车的马》一文中，菊地大树对中国先秦时期的马车进行了实验测试分析。

根据菊地大树的研究测试结果，以体高 140 厘米、胸围 162.4 厘米的蒙古马为例，若行车一小时，可知以一般速度（常步）可行 3.78 千米、小跑（速步）可行 7.56 千米，跑（驱步）可行 11.34 千米。同时，菊地大树也测试了载荷与速度之间的关系，马车以 7 千米/小时的速度行驶，最多可拉 250 千克的货物。

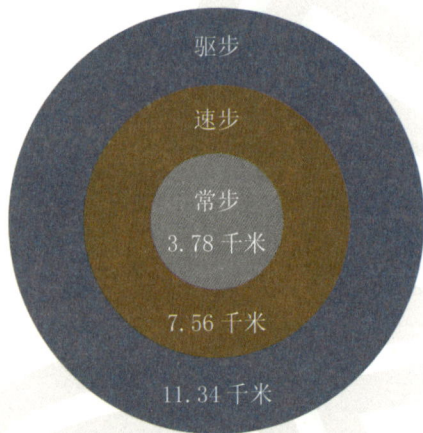

蒙古马拉车每小时走行距离
（体高 140 厘米）

在测试连驾马车的过程中，菊地大树发现，拉车的马匹数量并不是越多越好，马匹数量过多反而会影响整体效率。根据测试分析，在连驾马车中，并排系驾 6 匹马时能够发挥最大效率。当马的体高在 130 厘米以上时，其体高与曳力、驮载量都成正比。考古资料证实，商代晚期至春秋战国时期，车马坑中出土的马的平均身高呈增大趋势。中国先秦马匹逐渐大型化的社会背景，表明当时可能引入了以提高马力为目标的育种技术。

英 国

在西方，也有关于古代马车速度的实验数据。英国著名考古学家斯图尔特·皮戈特在《最早的轮式交通工具》一书中，利用欧亚大陆和近东的考古材料，对欧洲轮式交通工具的发展进行了研究。在其另一本有关马车研究的著作《四轮货运马车、辐式双轮战车和四轮载客马车——在交通运输史上的象征及其地位》中，就有西方牛车和马车的牵引速度实验数据。

"公元前3000年的荷兰盘式轮车（牛车）重量达322千克，一辆完整的四轮牛车的重量不低于670～700千克，它的重量是古埃及战车（约公元前1500年）现代复制品重量的20倍（古埃及轻便型辐式双轮战车的重量只有34千克），而且使用两头牛进行牵引，在最好的情况下速度也很慢，大约为3.2千米/小时，而用马牵引的轻便型车小跑速度为10～14千米/小时，疾驰速度为20～30千米/小时。"从这段引文中，我们可以看出，西方以马为牵引动力的轻便型辐式双轮战车的最高速度为20～30千米/小时。

欧洲辐式双轮马车

古代马车不够快吗

研究者对中、日、英三国有关古代辐式双轮马车一般速度、跑行速度和极限速度的实验数据进行了汇总，并对实验数据进行了分析。需要注意的是，先决条件的差异决定了实验结果的差异，由于车的结构和马的品种选取略有不同，三组实验数据也存在一定差异。

中、日、美三国古代马车速度实验测试数据表

单位：千米/小时

国家	实验对象	一般速度	跑行	极限速度
中国	先秦辐式马车	3	14（跑行）	21.6（极限）
日本	先秦辐式马车	3.78	11.34（跑行）	无
英国	西方辐式马车	3.20	10～14（跑行）	20～30（疾驰）

日本的实验数据在三组中偏低，实验者相对保守了一些，对马的条件进行了限制和重点分析，比如，对马的品种和体格都有所限定。如果不对客观因素进行限制，得出的结论和数值也会受到很大的影响。

英国的实验数据在三组中偏高，因为欧洲的辐式双轮车的结构与东亚的同类马车有较大差异，而且英国的实验没有提到马的品种、体格等信息。实验者选取的马可能更加高大，所以英国马车的跑行速度和疾驰速度也略微高一些。

中国的实验数据在三组数据中居中，实验测试数据中的最高速度低于英国实验的疾驰速度，而略高于日本实验的跑行数据。这是因为中国团队测试的马车，重量相对比较重，选择的马也比较高大。

当然，最值得关注的数据是马车的疾驰或者极限速度。三组马车实验的疾驰或者极限速度基本没有超过 30 千米/小时，这个速度相当于提速前的绿皮火车的行驶速度。这多少可能会让现代人感到诧异，毕竟汽车在高速公路上的形式速度可以轻易达到 100 千米/小时。不过，当我们回顾历史，就不会觉得"马车太慢了"。1801 年，理查德·特雷威蒂克制造的英国最早的蒸汽汽车，运行速度为 9.6 千米/小时；1886 年，卡尔·本茨制成的第一辆内燃机驱动的汽车，最高行驶速度也仅为 15 千米/小时。随着科技的不断进步，交通工具的速度才越来越快，而马车时代的落幕距今不过 100 多年。

马车的极限速度受制于马的极限速度，马的奔跑速度约为 40.5 千米/小时，最快可达 60 千米/小时。马拉车的速度和载荷成反比，以中西方轻便型辐式双轮马车为例，在普通载荷 1～3 人的情况下，最快速度只能达到 20～30 千米/小时，只相当于马的奔跑速度的一半左右。

如果从耐力的角度看，马拉车以 20 千米/小时的速度一天连续行进 10 个小时，那么一天的迁徙距离便可以达到 200 千米。与人类靠双脚迁徙相比，乘坐马车是人类文明的一大进步。因此，传统畜力车的发明，特别是以马为动力的辐式双轮车的发明，确实是人类科技发展史上的重大事件，欧亚大陆不同族群的迁徙和文化交流与马车的发明密不可分。

人类飞上天的三种方式

"想飞上天，和太阳肩并肩……"飞天，一直是深藏在人类心中的一个梦想。因为这个梦想，我们逐渐有了纸鸢，有了氢气球，有了现代飞行器。不论你相信与否，截至目前，人类飞上天的方法其实只有三种。

变得比空气更轻

在标准状况下，空气的平均相对分子质量为29，只要物体的分子量比空气更小，它就能在空中飘起来。如果某个物体足够轻，甚至能把人带飞，如氢气球、氦气球等。在人类的飞行器发明史中，有很多这方面的实例。

中国第一个氢气球由晚清军工专家华蘅芳制造。在今天的人们看来，华蘅芳当时所采用的氢气球制造方法很简陋，即利用强酸和金属反应产生氢气，再将氢气充入气球内。我们熟悉的热气球则利用热空气代替比空气更轻的氢气或氦气。由于气体的密度与绝对温度成反比，因此，可以通过升高气温来减小气体的密度和质量，达到比空气轻的目的。古老的孔明灯采用的就是这种原理，它也是最早出现的热气球。

氢气球也好，热气球也罢，二者虽然都能飞起来，却有一个致命缺点，那就是难以控制其飞行方向。为了更好地控制其空中姿态和飞行方向，同样基于"变得更轻"的思想，人们设计、制造了飞艇。人们把比空气更轻的气体（一般使用安全性更高的氦气）充入飞艇内部，用以提供升力，再在飞艇上安装发动机，为其水平移动提供推行动力，并借此控制其飞行姿态。

清末插画《武备学堂演放气球》中描绘了华蘅芳等人试制的气球升空情景

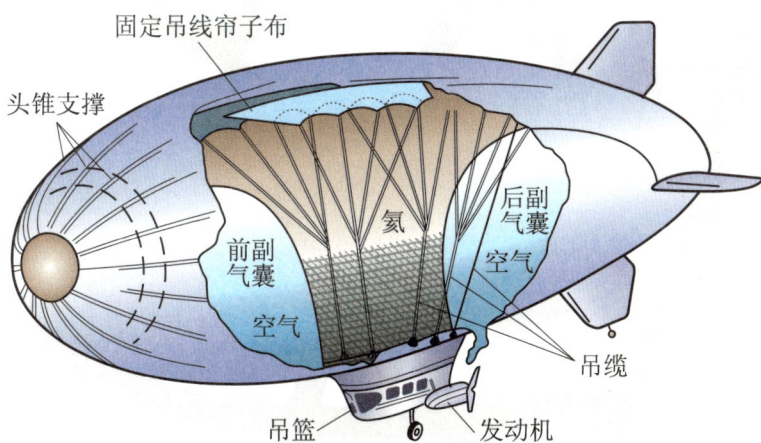

头锥支撑

固定吊线帘子布

前副气囊 空气

氦

后副气囊 空气

吊缆

吊篮　发动机

软式飞艇构造图

制造空气差

物体想在空中飞行，可以使上表面的空气流速大于下表面的空气流速，形成空气压差。当上下表面存在空气压差时，物体就可以获得一个升力。如果这个升力大到足够克服地球引力，物体就可以离开地面。

当鸟儿在空中滑翔时，空气在翅膀上、下部形成压强差，产生一个向上的升力，从而可以把鸟儿托在空中，而不至于使它们往下掉。除此之外，鸟类会采用积极主动的扑翼飞行来产生一定的气动升力。鸟类的翅膀在扑动时，相当于飞机的螺旋桨或喷气推进装置，使自身可以持续保持飞行状态。

鸟类就是利用空气压差来飞行的。鸟类天生具有适合飞行的身体条件：巧妙运用空气动力学的翅膀、由坚硬轻细的中空骨骼构成的骨架结构、发达的胸肌、独特的呼吸系统以及轻而柔滑的羽毛等。鸟类能够飞行的主要原因是它们掌握了制造空气压差的飞行技巧。

其实，在人类早期的飞行尝试中，鲁班制造的木鸟、达·芬奇的扑翼飞机都企图模仿鸟的飞行状态来实现升空目的，但他们的飞行计划均以失败告终，原因就在于缺乏对空气动力学原理的认知，盲目模仿鸟类翅膀的几何外形和扑动形式。

当人们开始了解空气动力学原理并研制出像风筝一样的固定翼飞行器时，成功飞天的现代交通工具——飞机得以诞生。飞机和风筝的飞行原理相同，都是通过机翼上下表面的气流速度不同，制造空气压差，进而获得升力。总而言之，不管是鸟类、风筝、喷气式飞机，还是直升机，都是通过制造气压差的方法飞行的，只不过它们获得上升条件的形式不一样。

达·芬奇的扑翼飞机图纸

国产 C919 大飞机

向下喷射物质

假如我们飞天的目标是冲出地球，那么，前两种方法也许就不太适用了。因为太空中是一个失重环境，基本没有空气，也制造不了空气压差，需要借助其他力量实现飞行。对于火箭来说，由于其内部不仅携带了燃料，也携带了氧化剂，因此发动机不需要空气的助力也可以正常工作。

燃料和氧化剂在发动机燃烧室里燃烧，产生大量的高压气体，这些气体从发动机喷管高速喷出，火箭因此获得一个与气体喷射方向相反的作用力，得以升空飞行。其实，早在17世纪，对于这种向下喷射物质实现飞行的方法，牛顿就进行了很清晰地描述："如果以一定速度向后抛出一定质量，就会受到一个反作用力的推动，向前加速。"

在现代航空航天器的设计过程中，为了实现

搭载神舟十九号载人飞船的长征二号F遥十九运载火箭在酒泉卫星发射中心点火发射

更高的飞行目标，设计师们并不单纯地使用这三种飞天方法中的某一种来构建飞行器，而是将它们综合起来应用。如超声速飞机为了获得更快的飞行速度，还会采用向后喷射物质的冲压发动机。

虽然目前人类已经掌握的飞行方式无外乎上面提到的这三种，但在不远的未来，或许会出现更多切实可行的飞上天的办法。对于人类来说，天上有太多未知的事物，当我们努力消除这些未知时，人类的文明将得到极大的发展。

为什么口音很难改变

在生活中我们会发现，说着同一种语言的人，口音却可能千差万别。你是否想过这样的问题：口音是怎么形成的？为什么口音形成后很难改变？

口音是怎么形成的

中国有句老话："一方水土养一方人。"环境对于语言有重要的影响，人们分散在不同的地理空间，随着时间的推移，往往会形成特定的发音方式。你可以想象一下，说着同样语言的一群人被分为两部分，分别在两个孤立的岛上生活，随着时间的流逝，地理距离与社会隔离会让这两个群体发展出各自的方言或口音，甚至像是两种完全不同的语言。

一些专家认为，口音还与地方气候有关。例如，西北地区海拔高，空气干燥，声波传播远，故语音高亢嘹亮；四川盆地气候湿度大，声波衰减快，故四川话尾音粗长而通透；江浙地区气候温润，故语速快，声音清悦；广东湿热，海风大，故鼻音重；东北气候寒凉，吸气慢，呼气快，主要靠嘴呼吸，口音也是口腔共鸣多，鼻腔共鸣少。

为什么年龄越大口音越难改

　　人的口音一般是在幼年时期形成的，随着年龄的增长，想改掉口音并不容易。这是因为在婴幼儿阶段，我们的大脑中有着极为丰富和敏感的神经突触，使得我们具有强大的语言学习能力。然而，在青春期结束后，学习语言会变得越来越困难，学习新语言的能力也会逐渐下降。有实验证明，人脑纹状皮层的神经突触增长最旺盛的时期是在出生后 2～4 个月，在出生后 8～12 个月的时候达到顶峰，这个时候婴幼儿的神经突触比成年人要多 50% 左右，随后神经突触慢慢减少，到十多岁时，会丧失 40% 的神经突触。这些丧失的神经突触是被大脑自动修剪掉的，是大脑中不经常使用的部分。这就是为什么在人生的早期阶段，我们有语言本能，能够毫不费力地学会几种语言，但随着年龄的增长，这种本能就会减弱。普通人在十多岁之后，语言学习变得不那么容易、自然。科学研究表明，儿童不仅比成人更容易学习语言，而且还更容易学会新的口音。随着年龄的增长，最难学习的部分是语音、语调。因此，一个人成年后很难改变他幼年形成的口音。即使一个人能够熟练地运用外语进行交流，但如果这门语言习得于青春期之后，那么他将很难掌握正宗的口音。

为什么成年人说外语都带着母语口音

我们在生活中还会发现：大多数中国人说外语总是改不了中式发音，外国人说中文也有很奇怪的口音。这种现象可以说是一种普遍现象，比如日本人说英语、印度人说英语也带有独特的发音。为什么我们很难说一口纯正的外语？

人在幼年学习母语时，一开始都是吞吞吐吐的，这是因为幼儿需要通过口腔肌肉练习发音，后来越来越熟练，口腔的肌肉已经形成下意识的动作了，自然就出口成章了。而当我们成年后学习外语时，发音时口腔肌肉已经习惯用母语的发音方式了。这就是成年人矫正口音十分困难的原因，因为我们的母语会干扰我们的外语发音。成年人在学习外语时，听到外语发音，大脑首先会在自己熟悉的母语发音中去寻找与这个发音相似的音，然后会认为听到的这个音就是母语中的某个音。如果你听过日本人说英语，一定会对他们的 r、l 不分深有体会。日本人发不出英语的 r，不是因为舌头硬，也不是口腔结构有问题，而是因为日语里也有个 r，正是由于这个音的存在干扰了他们对英语 r、l 的识别。此外，印度人说英语口音很重，这是因为印度曾经是英国的殖民地，英语早已深入印度社会各个角落，印度有庞大的英语使用群体，有标准的用本地文字表示英语的方式，这使得印度的英语口音独特而稳定。

口音

软腭抬高，堵住鼻腔通路，使气流仅从口腔区流出，并在口腔内形成共鸣从而产生的音。与鼻音相对。又称口腔音。

口音可分为口元音和口辅音。口元音指发音时软腭上升，封闭鼻腔通路，气流仅在口腔内共鸣而发出的元音，例如 [a][i][u] 等。口辅音指发音时软腭上升，封闭鼻腔通路，气流克服口腔内的阻碍，形成共鸣而发出的辅音，例如 [d][f][l][r] 等。通过调节或改换共鸣腔，鼻音可以对口音增添鼻音效果，产生鼻化元音和鼻辅音，分别与口元音和口辅音相对。

没有手术刀的手术

不开刀、不流血、无辐射，隔着肚皮就能够去除肿瘤，这种手术你见过吗？它就是聚焦超声消融手术。聚焦超声消融手术是一项非侵入性局部热消融技术，是中国具有原创性、领先性的治疗技术。经过多年的临床研究及实践，该技术已日趋成熟并越来越广泛地用于肿瘤疾病的治疗。

没有手术台的手术室

聚焦超声消融手术的手术室是什么样的呢？

这里没有手术台、聚光灯，也没有消过毒的手术器械和棉花（整个手术室也不用消毒），而是有一个长方形的台桌，在台桌的前方有一个正方形的水槽，这就是进行手术时需要的设备。这种手术不损伤皮肤，不借助器械，却可以隔山打"瘤"，杀死体内的病变组织。手术时，患者俯卧在盛满水的水槽上面，里面的水经过特殊处理，可以提高手术刀的性能。启动设备后，会一股水柱冲出水面，医生就是利用它来切除肿瘤的。从治疗头打出的水花，感受不到具体的能量，它是如何切除肿瘤的呢？

聚焦超声消融手术的原理

要了解聚焦超声消融手术的原理，首先就要了解超声波。超声波是一种频率高于 2 万赫兹的声波。一束超声波的能量非常低，通过人体的时候人不会有什么感觉，但许多超声波聚焦在一起，就会产生很大的能量。聚焦超声消融手术就是将超声波通过特殊的技术聚焦起来，在焦点的部位能够产生很高的温度，类似于无形的烙铁，然后将焦点伸入人体内部，可以烧灼肿瘤性的病变，从而达到切除肿瘤的目的。水槽中的金黄色圆盘装置可以发射和聚焦超声波，它受电脑的精准控制，相当于"手术刀"的刀把，超声波聚焦之后形成的亮点就是这把"刀"的刀尖，"刀把"带动"刀尖"移动，将肿瘤烧灼、消融。在实际治疗过程中，患者躺在治疗床上，然后由医生通过电脑操作，将焦点移动到病灶所在的区域，利用 B 超的监控，精准发现病灶，并且逐一把肿瘤消融。在消融的过程中，会根据患者疾病的状态、身体情况等多种因素，选择合适的麻醉方式。

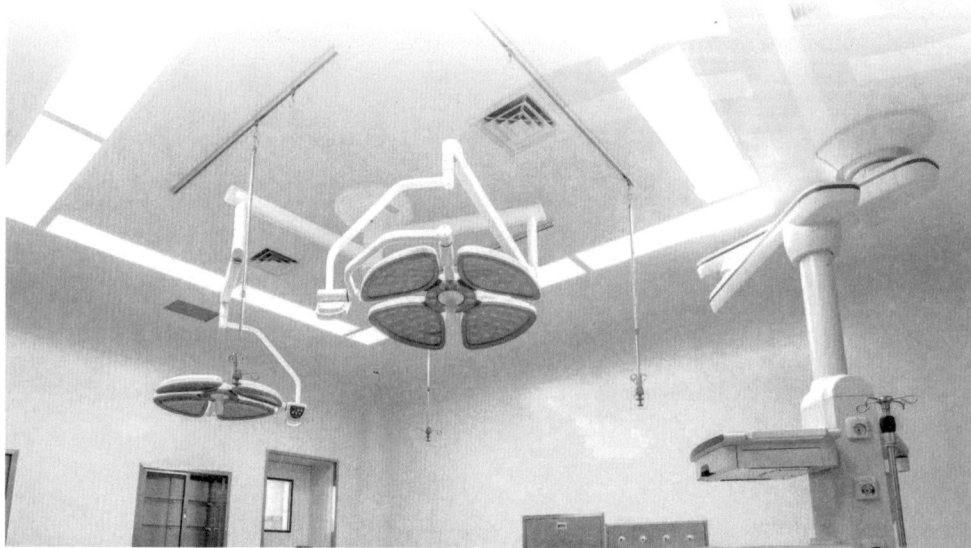

聚焦超声消融手术的优点

聚焦超声消融手术属于无创治疗，手术时患者可以处于半麻醉或不麻醉状态。它是在体外将超声波聚焦在体内病灶处，形成一个高温的焦点，焦点温度瞬间达到 65～100℃，利用焦点处的高温将肿瘤细胞杀死，坏死组织在体内可逐渐被吸收或变成瘢痕，不会损伤病灶以外的组织或器官，能有效地保留正常组织的完整性。无创的特点也大大减轻了患者的痛苦，缩短了患者的住院时间。

聚焦超声消融手术同时也是对抗肿瘤的一种绿色疗法，超声波是一种机械波，没有放射性，对患者和医务人员无辐射危害。对于容易复发的肌瘤等肿瘤，采用此技术，复发病人可以重复治疗。

聚焦超声消融手术的时间比较短，一般为几十分钟到 1 个多小时。这项技术还能够激活机体自身的免疫功能，在手术完成后，患者的免疫力在短时间内有所提升，对于术后恢复非常有利。对于同类疾病，手术的费用也比腹腔镜手术费用更低。

目前，该技术已经广泛应用在临床治疗中，用于乳腺癌、子宫肌瘤、子宫腺肌症、肝癌等多种良性或恶性肿瘤，甚至过敏性鼻炎等多种疾病的治疗。

试剑石究竟是谁劈开的

　　每当我们出门旅行，不仅会陶醉于山清水秀的自然风光，也会痴迷于曲折离奇的历史故事。正因如此，许多景区纷纷挖掘历史文化资源，打造出诸多妙趣横生的景观。遍地开花的"试剑石"就是其中最典型的一种。"试剑石"究竟是一种什么样的景观？其背后隐藏着哪些真相呢？

数不尽的试剑石

　　在江苏省苏州市城区西北，有一座历史悠久的小山，春秋末期吴国的国君阖闾就葬于此地。传说，阖闾下葬之后，有一只白虎蹲于其上，于是，这座小山便有了"虎丘"之名。自古以来，虎丘就有"吴中第一名胜"的美称，这里保存着众多名胜古迹，亭台楼阁随处可见，并且流传着许多跟吴王阖闾有关的故事。

　　相传，为了称霸天下，吴王阖闾找到最有名气的铸师干将、莫邪夫妇为他铸造宝剑。夫妇二人历时三年，终于铸成一雄一雌两把宝剑，分别命名为"干将"和"莫邪"。得到宝剑的吴王欣喜若狂，挥剑一试，一块巨石便被分为两半。从此之后，那块巨石就得名"试剑石"。时至今日，人们依然能够看到巨石中间那道又长又直的裂缝。

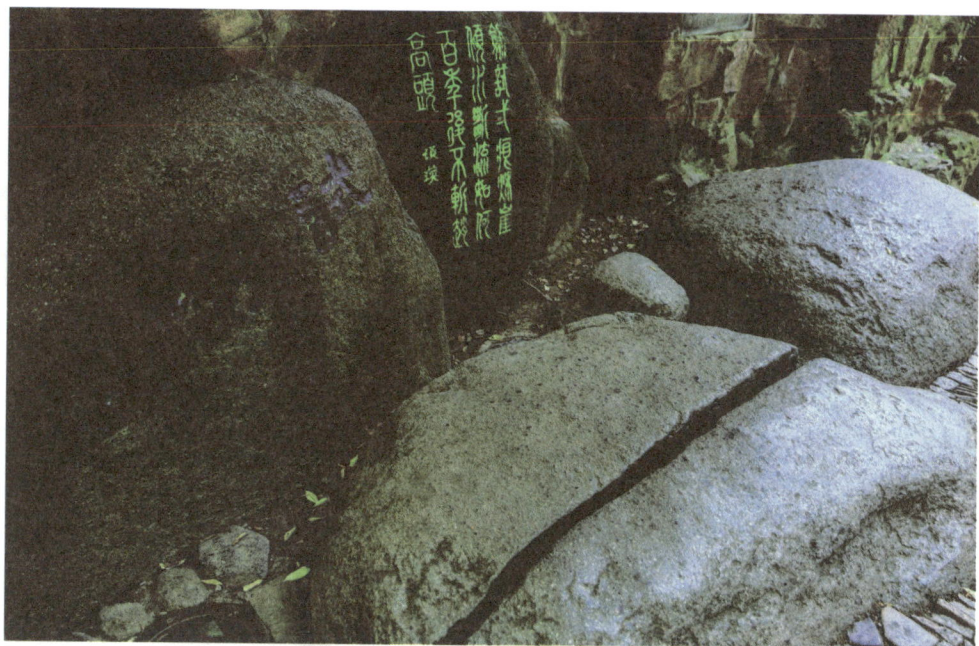

虎丘试剑石

实际上，作为一种自然景观的名称，试剑石十分常见。除了虎丘试剑石之外，比较著名的还有广西桂林伏波山马援试剑石、云南澄江八哥岩李恢试剑石、山东日照五莲山关公试剑石、福建永安桃源洞杨八妹试剑石和泉州惠安黄巢试剑石、江苏镇江北固山刘备试剑石和徐州刘邦试剑石、安徽黄山朱元璋试剑石和天柱山赵公岭的赵真人试剑石等，数量之多，不胜枚举。

与此同时，中国还有很多地方流传着"刀劈石""斧劈石"的传说故事，尽管故事的主人公各有不同，但故事情节大同小异。例如，浙江普陀山的"刀劈石"传说是孙悟空与二郎神斗法时被二郎神举刀劈开的；陕西华山的"斧劈石"传说是《宝莲灯》故事里沉香劈山救母处。它们的主要特征基本一致，都是石头裂成两半，且裂缝笔直而平坦，宛若刀劈剑砍，惟妙惟肖，令人赞叹不已。

是否真有劈石剑

对于各地涌现的试剑石，恐怕大家早就一头雾水了，情节相似甚至雷同的传说故事让人半信半疑，真相究竟如何已难以考证。更令人疑惑的是，历史上真的有能够劈开石头的宝剑吗？

在短兵相接的冷兵器时代，拥有一把"切金断玉、削铁如泥"的宝剑是所有将军、侠客和武士的梦想。在苏州虎丘的试剑石旁，刻有元代文学家顾瑛题写的一首诗："剑试一痕秋，崖倾水断流。如何百年后，不斩赵高头。"顾瑛于诗文之中透露出浓浓的调侃之意。这是因为，关于虎丘试剑石，还有另外一种说法。当年，秦始皇统一六国后，听闻阖闾墓中陪葬许多宝剑，便千里迢迢来到虎丘寻觅。遗憾的是，秦始皇并未找到令他朝思暮想的干将、莫邪二剑，只找到了专诸刺杀吴王僚时所使用的鱼肠剑，一怒之下，便用专诸剑劈开了巨石。

据史料记载，上古时期，中国西北地区西戎部落能够制造出极其锋利的锟铻剑（也被称为昆吾剑）。《列子·汤问》曰："周穆王大征西戎，西戎献锟铻之剑，火浣之布。其剑长尺有咫，练钢赤刃，用之切玉如切泥焉。"后来，此事

岩石在形成过程中以及形成之后都会受到各种外界力量的影响，导致原本完整连续的岩石产生许多大小不等的破裂面或裂纹。倘若外界的影响力量足够大，那么，破裂面或裂纹两侧的岩石就可能发生明显的滑动位移，即我们常说的断层；假如外界的影响力量不够大，只是让岩石产生破裂却并没有造成滑动位移，这种破裂面就被称为节理。节理分为产生于成岩过程中的原生节理，以及在成岩之后因外力造成的次生节理。

被唐朝《艺文类聚》和宋朝《太平御览》等著名官修类书多次引用。西晋博物学家张华在《博物志》一书中引用《周书》的内容，记载有"西域献火浣布，昆吾氏献切玉刀"。由此可见，昆吾剑和切玉刀应该是同种利器，都有切玉如泥的神奇力量。不过，这样的神兵利器仅仅出现在各种神话传说和历史故事中，并未有流传下来的实物，令人梦寐以求却又求之不得，后人便将此作为精神象征，用来抒发自己的豪情壮志。唐代诗人李峤曾在诗中写道："我有昆吾剑，求趋夫子庭。白虹时切玉，紫气夜干星。"明代文学家王世贞也有相似诗句："我有昆吾剑，不将持试石。白璧隐荆山，剖出长虹色。"

以现在的眼光看，用宝剑劈开巨石，显然不太可能。要想劈开巨石，不仅需要宝剑的硬度超过岩石，更考验持剑者的力量，无论宝剑本身多么锋利，没有持剑者的千钧之力，恐难实现。正如古人将身体强健者夸张地形容为"力拔山兮"，"宝剑劈石"也仅仅是人们喜闻乐见的道听途说而已。

地质作用才是"持剑者"

中国各地形形色色的试剑石大小不一、形状各异，小的有几吨重，大的则重达上千吨，绝非人力所能劈开。所以，试剑石形成的真相只有一个——各种地质作用，包括构造运动、地震作用等内力作用和风化、剥蚀、搬运、沉积等外力作用。

从地质学看，绝大部分试剑石的形成都与节理有关。河南焦作的云台山世界地质公园潭瀑峡有这样一块巨石，石头中间贯通一道笔直的裂缝，相传是李世民用宝剑劈开的，故得名"唐王试剑石"。这块巨石足有几千吨重，哪个人能有那么大的力量劈开它？实际上，这块石头是从山崖上崩落下来的，在坠入沟底时，因受到强烈撞击，进而沿着节理面裂开形成了裂缝。该道裂缝之

唐王试剑石

所以看起来异常笔直，正是因为原来的节理面十分平滑。类似的情况在当地十分常见。云台山世界地质公园内另有一块名为"蝴蝶石"的景观更为奇特。很多年前，一块巨石从高陡的山崖上崩落，导致岩石中原本就存在的节理裂成了两半，且左右两边几乎完全对称，看起来就像是振翅欲飞的蝴蝶。苏州虎丘出现的试剑石也与节理有关，它本是一块火山角砾凝灰岩，其中发育多组直立、光滑的节理，在受到外力震动后最终裂开。

广西桂林伏波山上有一处岩溶洞穴名为"还珠洞"，洞口处矗立着一根上粗下细的石柱，似乎在支撑着洞顶，承担着大山的重压；但走近观察后不难发现，这根石柱的底端并没有与地面相连，中间还保留着极其狭窄的缝隙，光滑而又平整。早在明代，著名地理学家徐霞客来到当地考察时已经注意到这个奇特现象，他在《徐霞客游记》中写道："一石柱下垂覆虎丘崖外，直抵下石，如莲萼倒挂，不属于下者，仅寸有余焉。"相传，这是东汉的伏波将军马援为试剑锋而将石头砍为两截。事实上，这根悬空的石柱是岩溶洞穴里的钟乳石，自洞顶下垂，随着水中碳酸钙的不断沉积，钟乳石越长越大，越来越靠近地面。

国外也有"试剑石"

"试剑石"之名带有浓厚的历史气息，但本质上，它是一种地质现象，只要具有合适的自然条件，就有可能形成。国外也有相似的景观。

在新西兰南岛的北部海岸塔斯曼湾，有一个裂成两半的花岗岩石球，它的左右两半几乎完全对称，就好像是被剑劈开了一样。根据当地原住民毛利人的传说，在很久以前，有两位巨人为了争夺这块圆石，曾在海边决斗。他们势均力敌，相持不下，最后想出了一个折中的办法——将圆石一分为二。后来，毛利人给石头起名叫 Tokangawha，意思是"裂开的岩石"，其英文名称则是 Split Apple Rock，意思是"裂开的苹果岩"。远远望去，它的确就像一个被劈成两半的大苹果。

位于新西兰南岛的"裂开的苹果岩"

巨人决斗导致石球裂开的传说肯定不可信，有人认为它是被雷劈开的，但被地质学家否定了。经过研究，地质学家最终确定，这块巨石形成于 1.2 亿年前，当时地球经历了寒冷的冰河时期，流水沿着裂缝进入花岗岩石球之后被冻结成冰，持续膨胀，将石头撑破，变成了两半。

位于沙特阿拉伯泰马绿洲的"阿纳斯拉巨石"，更是一处困扰了人们很多年的奇特景观。这块长约 9 米、高约 6 米的巨石看上去就像是被激光从中间精准地切割成两半，每一半都矗立在小土堆形成的底座上，看起来摇摇欲坠，实际上却稳如泰山。有科学家认为，由于沙漠中强烈的风化作用导致岩石沿着节理面破裂，才形成"阿纳斯拉巨石"如今的模样。虽然这个形成过程听起来很简单，但仅凭自然的力量，竟然能够将它打磨得如此光

位于沙特阿拉伯泰马绿洲的"阿纳斯拉巨石"

滑圆润、剖分得如此均匀，仍然令人觉得不可思议。

成为航天员的必备条件

北京时间 2022 年 11 月 30 日 7 时 33 分，神舟十四号航天员乘组顺利打开"家门"，热情欢迎远道而来的神舟十五号航天员乘组。随后，胜利会师的两个航天员乘组，一起在中国人自己的"太空家园"里留下了一张足以载入史册的太空合影。之后，两个航天员乘组的六名航天员共同在空间站工作、生活，完成各项既定任务和交接工作。

随着"太空家园"的不断建设、发展，越来越多的中国航天员将进入空间站工作，未来可能会有中国航天员飞往月球、火星执行载人航天任务。那么，要成为航天员需要哪些必备条件呢？

航天员的必备条件

航天员必备的具体条件：身高不能超过 1.75 米，体重轻于 80 千克；不能患有色盲症；在工程、物理、生物或数学等学科取得学士、硕士或博士学位；掌握一门外语；能驾驶飞机，有 100 小时以上的飞行经验（对航天驾驶员而言）；体格强健。

从工作任务的角度看，航天员可以分为两类：第一类是航天驾驶员，主要任务是驾驶载人航天器，一般从具有丰富经验的空军飞行员中选拔。第二类是科学技术人员，他们负责执行各种空间任务，如在轨道上施放卫星或从轨道上回收、修理卫星，进行空间物理探测、空间医学研究和空间加工实验等。一般来说，这类航天员不必具有驾驶飞行器的技术和经历，但必须具有某种科学技术专长。

　　无论是航天驾驶员还是科学技术人员，都必须接受严格的医学检查，主要参照飞行员体格检查进行。此外，还要调查个人的既往健康情况，如有无隐性神经－内分泌系统的功能紊乱；在体检中要全面而细致地检查心血管系统、呼吸系统、中枢神经系统、前

　　航天员往往是万里挑一，各个国家选拔航天员的标准也不尽相同。中国的航天员选拔分为五个阶段：基本条件选拔、临床医学和心理选拔、基本条件复核、家庭情况调查、综合评定，主要标准可以概括为身体和生理机能好、飞行技术过硬、心理素质强。

庭功能、视觉和听觉功能等。在心理素质方面，需要考察个体的感知能力、逻辑思维、记忆力、注意力、灵活性、动作能力和心理活动等。不过，在选拔航天员的标准中，身体条件方面的要求是最为严格的，主要有以下多项指标需要检查。

1. 心肺功能检查。要进行立位耐力和运动负荷试验，以观察候选者心肺功能的生理生化指标，选用最佳心肺功能者。

2. 前庭功能检查。采用转椅、秋千等方法，选出前庭植物神经反应稳定性好的候选者。

3. 超重耐力（过载）检查。采用人体离心机进行超重耐力检查，以选拔能较好承受超重耐力的候选者。

4. 失重飞行检查。飞机作抛物线飞行，使人处于失重状态，选出对失重反应良好的候选者。

5. 低压缺氧耐力检查。在低压舱内筛选，排除缺氧耐力差、低压敏感者以及易晕厥者。

6. 振动耐力检查。排除对振动过于敏感者。

7. 隔绝环境适应性检查。以此评价在异常环境而又无外界刺激的情况下，候选者的适应力和相互合作的能力。

8. 高温和寒冷耐受性检查。以确认候选者可否在航天飞行过程中耐受高温和寒冷。

经过这些项目检查后，医务人员会对检查的结果进行单项分析和综合评定，以确认候选者是否合格。当然，要成为航天员除了体格强健，还要过

宇航员

"心理关"。心理素质的考评有多种方法，包括多种问卷调查、当面心理访谈，还会进行个性心理、智力、认知和心理运动能力等测试。

极限考验：超重耐力和前庭平衡

航天员的门槛之高可以从超重耐力和前庭功能检查窥见一斑。早期的载人航天器在主动飞行和返回飞行阶段，要经受6～8倍的重力加速度，因此航天员大都从空军飞行员或试飞员中选出。后来，载人航天器的力学环境大为改善。航天飞机乘员的超重耐力要求为三倍的重力加速度，对航天员体格方面的其他要求也相应降低。即便如此，也有很多人难以通过这一关。

在进入太空的过程中，人体要经受冲击性加速度产生的过载作用。载人航天器借助火箭起飞，在起飞时加速度较小，随着火箭不断上升，加速度会越来越大，在火箭熄火瞬间达到最大值。在载人航天器返回时，脱离轨道再次进入大气层，又会遇到巨大的峰值减速度。在加速度或减速度值超过一个重力加速度时，会因惯性力加大而产生过载作用，也称为超重。过载作用可引起疼痛、意识短暂丧失，造成各种机械性损伤，如组织器官变形、撕裂等，严重时可导致死亡。所以，航天员必须具备一定的承受过载的能力。在选拔过程中，会采用离心机测定受试者的横向（胸-背向）和纵向（头-盆向）的超重耐力。研究发现，超重耐力也可以经过训练，逐步提高。

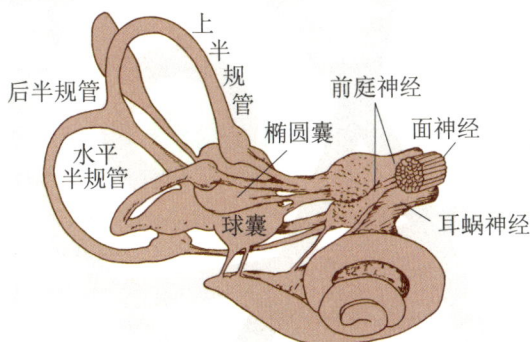

前庭器官模式图

优秀的前庭功能对于航天员执行任务也非常重要，因为前庭功能适应性强的人在失重状态下航天运动病的发病率更低。航天运动病包括腹部不适、面色苍白、流虚汗、头晕、眼花、恶心，严重时会呕吐。航天史料记载，有半数以上的航天员入轨后会患上这种病，这是因为前庭功能失调所致。

前庭是人体平衡系统的主要末梢感受器官，位于头部的颞骨岩部内。人耳分为外耳、中耳和内耳，前庭位于人的内耳中，是内耳器官之一。前庭负责感知人体空间位置，人即便在行进的车中闭上眼睛不看窗外，也能感知车的加速、减速或转弯。前庭感知器官如果出现问题，就会影响人的感知能力，产生眩晕感。70%的眩晕病都是由于前庭系统不协调所致。

在选拔航天员时，一般采用转椅、秋千或对耳部器官进行温度刺激等手段检查前庭器官的敏感性和稳定性。如果稳定性强，则可以视为在这一生理功能上过关。

航天员的年龄可以更大

过去，中国对航天员的年龄要求为20～45岁，现在，年龄更大的人也可以成为航天员。神舟十四号航天员乘组由陈冬、刘洋、蔡旭哲组成，神舟十五号航天员乘组由费俊龙、邓清明和张陆组成。比较而言，神舟十五号航天员乘组的平均年龄是历次执行任务的航天员中最大的，费俊龙57岁、邓清明56岁、张陆46岁，三人平均年龄为53岁。即便与神舟十四号乘组的陈冬、刘洋、蔡旭哲相比，平均年龄也较大。在执行任务时，陈冬44岁、刘洋44岁、蔡旭哲46岁，平均年龄约为44.6岁。

年龄对身体条件有一定影响，年轻力壮意味着身体条件更好，无论是呼吸系统功能、心血管功能，还是肌肉骨骼的负重能力，都是年轻人胜于中年人，更胜于老年人。苏联在选拔航天员

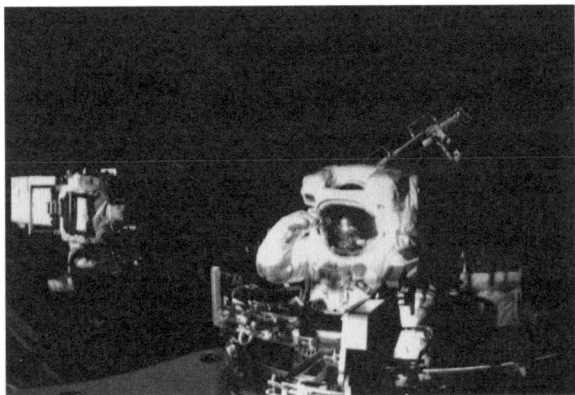

神舟十五号乘组航天员费俊龙结束出舱任务
返回问天实验舱

时，就更倾向于挑选年轻人。最年轻的苏联航天员是格尔曼·季托夫，1961年8月进入太空时还不到26周岁；其次是尤里·加加林，进入太空时27岁。在20世纪60年代，苏联航天员的年龄主要在26～28岁。

不过，神舟十五号航天员乘组平均年龄在50岁以上，可见年龄对于进入太空已经不受特别限制了。这也意味着，未来的太空探索、太空旅游也可以对老年人开放。在人类探索太空的历史中，年龄最大的航天员来自美国。小约翰·格伦生于1921年7月18日，他在1962年2月20日首次乘坐友谊7号航天飞机执行太空任务，成为第一位进入地球轨道的美国人。那一年，他41岁。1998年，在77岁高龄之时，格伦又乘坐发现号航天飞机再次飞入太空，执行修建哈勃望远镜的任务，在太空工作、生活了九天，这一壮举让他成了进入太空最年长的人类。2016年12月8日，格伦在俄亥俄州立大学韦克斯纳医学中心去世，享年95岁。

随着科技的进步，在探索星辰大海的过程中，航天员受到的限制会更小，飞行过程会更加舒适。未来，一定会有越来越多的人完成飞天梦。

没有铁轨的列车

在湖南株洲，人们可以看到一道特殊的风景线：一辆辆酷似火车的列车在城市交通道路上行驶着。它们没有轨道，不用天线牵引，甚至从侧面都看不到车轮，整辆车犹如悬浮在地面上一样，极具科幻感。这就是新型的智轨列车。智轨列车的外观也非常漂

株洲"神农号"智轨列车

亮。四川成都的"蜀都号"智轨列车，主色调为红色，车身展示了多种巴蜀文明元素，如三星堆文化、金沙神鸟、巴蜀国粹变脸、美食文化等；"天府号"智轨列车主色调为生态绿，车身展示了绿色低碳元素，如生态城市建设、熊猫、竹文化等，与智轨列车低碳环保的优势相契合。湖南株洲的"神农号"智轨列车以火焰红为主色调，车身配有击石生火、舟载文明以及神农对华夏文明的贡献等图案，成为株洲市城区一道流动的风景线。

什么是智轨列车

从文字意义上，"智轨列车"不是严谨的称呼，因为列车实为多节电动汽车只不过是沿着地面交通线行驶而已。就算将这些能够被车辆传感器探测到的交通画线称为"轨道"，这些地面线轨道本身也没有任何智能技术可言，因为智轨列车的智能设备不是在轨道上，而是在车上。真正的智能轨道是磁悬浮轨道和APM轨道，因为这些轨道同时实现了列车供电、信号传输以及导向功能，是真正意义上的智轨。因此，智轨列车的科学名称应该是"虚轨列车"，

上海磁悬浮列车

即沿着地面画线虚形轨道行驶的交通列车，智轨列车是其俗语昵称。

什么是智轨列车呢？智轨列车是利用中国自主研发的"虚拟轨道跟随控制"技术，以车载传感器识别路面虚拟轨道，通过中

央控制单元指令，精准控制列车在既定虚拟轨迹上行驶。智轨列车的产生主要是为了解决没有地铁的城市出行难的问题。

众所周知，地铁并不是随随便便就可以建造的，在中国的一座城市中要想建造地铁，必须满足几大条件：地方财政收入在100亿元以上，城市总人口超过700万，城区人口超过300万，规划线路的客流单向高峰必须达到每小时3万人以上。这样一来就有可能出现人口总数远远超过规划条件、但其他条件未能达标的城市，于是智轨列车应运而生。株洲的智轨列车长31.64米、宽2.65米、高3.4米，设计最高时速为70千米，内部十分宽敞，视线好，最小转弯半径仅15米，可在城市道路上灵活行驶。

智轨列车是中国首创

"神农号"智轨列车是由中铁第四勘察设计院集团有限公司设计、中车株洲电力机车研究所有限公司研制的全新交通工具，为中国首创，全球首发。中国拥有智轨列车完全自主知识产权，车上每一个零部件都是中国人智慧与汗水的结晶。智轨列车已经在株洲、宜宾、成都、苏州以及哈尔滨上线。

智轨列车也已经走出国门，并且获取阿联酋、马来西亚两个国家超过40余辆车的订单，成为中国先进制造"走出去"的新

"利器"。针对阿联酋高温、高湿、高沙尘的特殊环境，首批交付阿联酋的智轨列车采用了"定制化"设计：车顶可防太阳直射高温，增加车内舒适度；同时，车辆的储能系统配备水冷系统，在高温下可循环冷却，单次充电续航里程可达到 80 千米。新型中国高端装备在中东亮相，有助于引领中国高端装备加速"出海"，推动共建"一带一路"实现高质量发展。

智轨列车怎样运行

很多人不免会产生疑惑：智轨列车没有铁轨就能"悬浮"在公路上行驶，这是如何做到的呢？其实它看似无轨，实际上还是有轨的。它的轨道是地面上画的白色虚线，这些白色虚线的涂料并不特殊，跟平常的路面涂料完全相同。智轨列车识别地面的虚线轨道靠的是摄像头（智轨列车上一共安装了十几个摄像头）。摄像头就像列车的眼睛，通过它们可以感知周边的环境，从而测定和锁定白色的虚拟轨道，然后列车会沿着虚拟轨道自动行驶。总之，智轨列车通过车载摄像头和各类传感器，识别路面虚拟轨道线路和周边情况，将运行信息传送至列车"大脑"（中央控制单元），根据"大脑"的指令，在保证列车实现牵引、制动、转向等正常动作的同时，能够精准控制列车行驶在既定"虚拟轨迹"上，实现智能运行。虽然目前智轨列车以摄像头为主，但是将来可以采用更多类似激光雷达、毫米波雷达的手段，使车身对周围环境的感知更加精确、更加智能化，从而提高智轨列车的安全性。驾驶智轨列车有两种方式：手动驾驶和自动驾驶。当按一下人机交互按钮，就可以从手动驾驶变成自动驾驶。司机可以把手放开，方向盘会根据摄像头和传感器提供的信息，自动识别路上的轨迹，通过不断地进行微量调整，让轨迹跟踪非常精确，使智轨列车按照正确的轨道行驶。

    "神农号"智轨列车长 31.64 米、宽 2.65 米,这样庞大的车身遇到拐弯又该如何通过呢?内半径只有 15 米的弯道,普通公交车无法通过这样的弯道,但是,智轨列车没有问题,因为它装载了中国自主开发的转向系统。智轨列车总共有 12 个车轮,每个车轮都有基于液压原理的转向系统以及控制系统,通过计算机实时控制运行。只要第一个轮轴的方向确定以后,后面从第二到最后一个轮轴都会完全跟着第一个轮轴的轨迹来自动转向,所以能够拐很小的弯。

智轨列车内部十分宽敞

    研究人员曾进行过传统公交车与智轨列车的转弯对比试验,结果显示:传统公交车进入弯道后,由于路面狭窄,公交车减速了,拐弯的幅度非常大;而智轨列车进入弯道后速度并没有改变,转弯的幅度非常小。通过对比,可以看出:公交车明显要占据更多路面才能转弯,智轨列车则更加灵活和快速,可以轻松通过条件苛刻的弯道。在智轨列车设计研究的初期阶段,研究人员为了解决转弯的问题，也是颇费周折。开始时，研究人员采用助力转向系统，但安全性、可靠性和性能都达不到要求，经过一次次模拟测试和计算，最后确定了使用液压转向系统作为每个轮轴转向的控制系统。液压转向系统的优点是响应快、精度高，能够实现最小转弯半径15米的弯道运行。

疼痛是一种情绪吗

客观存在还是主观体验

疼痛是客观存在，还是一种主观体验？要回答这个问题，必须从疼痛的定义谈起。2020 年，国际疼痛研究协会对已经应用了 40 年的疼痛定义进行修改。在最新的定义中，疼痛是指与实际或潜在组织损伤相关或类似的令人不快的感觉和情感体验。新定义最大的变化是，增加了"与组织损伤类似的情感体验"。

该定义显示，疼痛具有生理基础，即人体受到了实际的伤害，例如，我们被锐器割破手指后，通常会感到疼痛。通常认为，身体被病毒入侵

后，体内的免疫系统会召集细胞因子攻击受感染的细胞，该过程导致了炎症反应，表现为细胞肿胀、液体外渗。炎症反应在哪个身体部位出现，哪里就会感到疼痛。

同时，疼痛的最新定义也告诉我们，疼痛的感受和身体受到的伤害并非完全一一对应。尽管伤害通常会导致疼痛，但这不是"必然的"，例如，我们可能不知不觉地抠破自己的手指，却不觉得痛。反之，一个人可能在没有经历身体伤害的情况下感到疼痛，例如幻肢痛（又称肢幻觉痛）。

情绪调节

情绪可以通过情景选择、情境修正、注意分配、认知改变、反应调整五个方面进行调整：①情景选择。指个体趋近或避开某些事物以调节情绪。②情境修正。指个体对情绪事件进行初步控制，努力改变情境。③注意分配。指个体对其所关注的内容进行调节或把注意力从当前情境转移强调关注或忽视情景中的某一方面。④认知改变。指个体重新选择对情绪事件有意义的解释，通过认知合理化降低或增大情绪反应。⑤反应调整。指在特定情绪生成后，个体对该情绪可能诱发的主观心理感受、生理体验和外在的行为表达进行干预，改变情绪体验的类型或强弱程度。

神经科学的研究显示，疼痛与和情绪相关的大脑过程之间，存在密切的相互作用或重叠。事实上，我们可以将疼痛理解为一种特殊的情绪，一种需要身体感觉到"自身存在"的情绪。疼痛的主要功能是提醒机体其完整性受到威胁，以便关注疼痛的来源并避免疼痛。因此，与其他情绪一样，疼痛也具有一种适应性价值，有利于生物体的生存。与愤怒、焦虑等情绪类似，疼痛也是对人类所面临的各种生存挑战的适应性反应。

疼痛的生物－心理－社会模型

现在，科学家们已达成一个共识，即整合生物学、心理学和社会学三方观点才能更好地理解疼痛。人类是一种社会性动物，人际互动对身体和心理具有重要的影响。例如，"袋鼠育儿法"是世界卫生组织推荐的新生婴儿护理方法。这种方法很简单，即模仿袋鼠妈妈把幼崽放入育儿袋，人类父母将婴儿放在自己裸露的胸前，温柔地抱住孩子，与其发生肌肤接触。研究者发现，在父母与孩子产生肌肤接触时，孩子的大脑会分泌催产素。当孩子分泌了催产素，他们的体内皮质醇水平下降，孩子会感到很安心、很放松，这有助于平复孩子的情绪，消除疼痛。

值得一提的是，催产素不仅会在父母与孩子有肌肤接触时分泌，这种"抱抱激素"普遍存在于人与人之间，甚至人与动物之

间。没错，你也可以抚摸、拥抱心爱的宠物猫，不仅猫会发出"咕噜噜"的愉悦声音，你也会感到身心愉悦、放松。

另一方面，情绪调节问题可能是导致持续性疼痛的风险因素。临床研究发现，很多有躯体化症状的患者在现实生活中存在述情障碍，即难以用言语化的方式具体、清晰地表达自己的负性情绪。有研究显示，早期学习和社会地位对压力和疼痛调节过程会产生重要影响。这说明早期养育对于儿童的情绪调节能力和躯体疼痛水平有一定影响。

如何面对慢性疼痛

生活中，很多人曾经体验过慢性疼痛，或正在忍受慢性疼痛的折磨。慢性疼痛包括季节性偏头痛、长期颈肩腰腿痛、带状疱疹后神经痛、三叉神经痛、骨质疏松痛、糖尿病周围神经痛等。慢性疼痛患者可能会经历非常艰难的求医过程，也经常会表现出多种生理和心理问题，如抑郁、焦虑、创伤、应激反应、认知失调、潜在物质滥用和社会功能受损。美国最新护理标准要求，在实施侵入性治疗方式之前，应首先确认慢性疼痛患者的心理适宜性。在与疼痛相关的疾病中，特别需要关注的是纤维肌痛综合征，这是一种常见的、以全身广泛性疼痛以及明显躯体不适为主要特征的临床综合征，常伴有疲劳、睡眠障碍、晨僵，也会有抑郁、焦虑等精神症状，还常伴有雷诺综合征、肠易激综合征与心理疾病。

2010 年，美国风湿病学会修正了纤维肌痛综合征的诊断标准。依据旧标准，医生容易把该综合征误解为一种纯粹的疼痛性疾病，新标准突出了抑郁或焦虑的躯体症状在诊断中的价值，更能体现纤维肌痛综合征与心理因素密切相关，也更适合对患者进行病情严重程度的评价及随访等。

在治疗纤维肌痛综合征的过程中，及时给患者安慰和解释，有利于病情控制。目前，针对纤维肌痛综合征的治疗，以药物治疗为主，如果辅以非药物治疗，可以明显提高疗效，减少药物不良反应。最佳治疗方案应由风湿科、神经科、医学心理科、康复科以及疼痛科等多学科医生共同参与制定，针对不同个体采取协同治疗方案。心理咨询和心理治疗也应该是治疗过程中重要的一部分。

正念，与疼痛相处

近年来，作为一种非药物治疗方法，"正念"在疗愈疼痛的临床应用获得了更多的重视。正念指意识专注在当下的状态，不带有过多的情绪反应或判断。通过正念练习，我们可以学着不以隔离或恐慌的方式体会疼痛的感受，这样能够减少对疼痛的恐惧，因为负性情绪会加重疼痛体验。

发表在《中华疼痛学杂志》上的一项研究显示，正念可以让人更加专注，降低疼痛感。在实验中，有些参与者具有较高的"性格正念"水平，他们报告的疼痛感相对较弱。研究发现，这些参与者在接受疼痛热刺激期间，大脑的后扣带皮层（神经网络的一个中枢神经节点）会出现较大程度的"失活"。与之相反，那些报告"疼痛感较强烈"的参与者，在接受疼痛热刺激期间，后扣带皮层的活性更强。

不过，即使"性格正念"水平不高，我们也不必沮丧，因为正念水平可以通过训练逐渐提高。科学研究发现，从未练习过正念的人，也可以通过短时间的正念训练提升专注力，降低疼痛感。

疼痛难忍，也无须忍，随着科技的进步，我们解决疼痛困扰的方法越来越多。如果你正遭受疼痛，特别是慢性疼痛的折磨，请及时向医生寻求帮助，遵医嘱进行系统治疗。相信经过努力，我们可以更好地跟疼痛共处。

味觉会影响判断力吗

人们常说"民以食为天"，这句俗语其实还有下半句——"食以味为先"。当一盘食物端到我们面前，最先浮现在脑中的想法常常是"它是什么味道的"。食物的味道是食材、调味品和烹饪手法共同创造的结果，而人能品尝出味道，主要依靠口腔中的味觉系统。

不同的食物味道各异，会给味觉系统带来不同的感受。然而，有时候味觉不仅带来食物的味道，还能影响人的情绪和认知。近年来，有心理学家研究发现，味觉还会影响人类的判断力。

味觉带来认知差异

日常生活中，人们常提到的味觉感受有五种，即酸、甜、苦、辣、咸。实际上，辣味本质上是一种痛觉，是一种食物带给口腔的灼痛感，因此辣味在学术上被定义为一种结合了痛感的复合味觉。如果将辣味排除，其实人类有四种更为基本的味觉感受，即酸、甜、苦、咸。

近年来，认知科学领域的研究者提出，味觉作为人类最重要的感觉之一，它潜在地参与甚至决定性地影响了人类对世界的认知、判断以及决策。简单来说，味觉感受不仅是我们对食物味道的判断；同时，对食物的味觉也可能反过来影响我们对其他事情的判断与决策。许多研究表明，不同的味觉感受会导致人们对同一事物做出截然不同的判断。

提到甜味，我们常常会想到甜蜜、美好。在人际知觉方面，有相关研究表明，甜味会给人信任感。比如，相比饮用无味蒸馏水的参与者，喝了含糖饮料的参与者更愿意与他人建立友好的伙伴关系。在判断他人的性格时，人们也更容易认为喜爱甜食的人更加平易近人。除此之外，甜味也会使人更容易做出亲社会性的行为。例如，在一次实验中发现，与食用非甜味饼干的参与者相比，食用甜味巧克力的参与者表现得更加乐于助人、更愿意配合他人。

苦的味道可能更容易激发人们对"吃苦"的想象。研究表明，苦味会影响人们的消费欲。当品尝了苦咖啡后，参与者在超市购物时的冲动程度更低；即使在情绪积极的状态下再饮用苦味饮料，人们仍然更倾向于减少消费。在道德判断方面，苦味也会使人更加严格。比如，苦味饮料会引发饮用者的厌恶感，对违反道德的行为做出更严厉的批判。

相比于苦味，酸味带给人的负面感受更少。在面对长期性的决策中，品尝苦味的人们更容易感受到生存危机，希望更快获得现金奖励；品尝酸味者则会考虑适当延迟、收益更大的选项。

说到咸味，人们往往会联想到

食物香料

一些"重口味"食物。一般来说，咸味重的食物往往高油、高盐、高热量。因此，人们在主观判断食物的热量时，经常会认为咸味食物比淡味食物的热量更高、更不健康。

最后，说说刺激性最强的辣味。有研究发现，食辣与"对新颖感觉的寻求"这种人格特质之间存在正相关。也就是说，喜欢食辣的人更具有试探性，愿意承担风险，具有更强的冒险精神，更容易做出风险较高的行为。在推断他人的性格时，人们也更容易认为爱吃辣的人性格比较外向。

味觉如何影响判断力

许多研究发现，不同的味觉感受会影响人们做出各不相同的判断，这些判断大多与食物本身没有直接联系。为什么食物的口味会影响人们在其他不相关的事情上做出的判断呢？

从情绪因素的角度来说，味觉会引发人们不同的情绪反应。脑科学影像的研究表明，参与者观看伴侣照片时激活的脑区与品尝甜味糖果时类似。也就是说，当人摄入甜食后，会产生与恋爱一样的愉悦情绪。情绪作为人类与生俱来的反应之一，其本身就会影响人们的行为活动。比如，婴儿在感到排斥、不安等情绪时，可能会做出皱眉、摇头或者摆动手臂等动作，而婴儿在尝到苦味时也会有同样的表现。

从进化心理学的角度来看，味觉对判断力的影响可以追溯到人类祖先生活的时代。人体的感觉器官为人类的生存提供必不可少的信息，帮助人类适应不断变化的外部环境。味觉作为人的一种感觉器官，能够指导人类成功摄入有营养的食物，保护有机体的生存和繁殖。举例来说，苦味代表这种食物可能含有毒素，需要警惕；甜味往往代表这种食物富含能量，是安全的。

与许多动物类似，人类也偏爱含糖高的食物。2020 年，美国哥伦比亚大学祖克曼研究所的研究人员发现了一种独立于味觉的糖类感知机制，它通过肠道－大脑轴激活迷走神经节和脑干中的神经元群，使动物对糖类产生强烈的偏好。也就是说，这种味觉对心理与行为的影响机制，其实与人类的生理需求息息相关。

从社会学的角度分析，味觉带来的影响也与文化具有密切联系。人类个体知识的获得不仅来自自身体验，也与所处的文化环境相关。味觉本身会与其体验形成联结，成为一种隐喻式的抽象概念。例如，甜味让个体感到愉悦，这种味道就与"快乐""幸福"等概念形成了关联，从而引申至社会生活的交互中，如形容幸福的笑容是"甜甜的"，美好的恋爱关系是"甜蜜的"。

在日常表达中，用味道隐喻其他感受的词语并不少见，如"尖酸刻薄""愁眉苦脸""心狠手辣"。因此，当人们感受到实际的味觉条件时，与这种味觉相关的隐喻概念也常常在大脑中被激活，进而潜在地影响人们的判断与决策。

舌尖上的回忆

在了解到味觉会影响人类的判断与决策之后，心理学家也将其应用到了心理治疗中。近年来，在心理治疗领域，有研究者提出了"舌尖上的心理学"的概念。这一理论认为，通过对特定味觉的记忆，可以搜寻对个人有积极影响力的心理事件，从而帮助人们走出心理阴霾。这些味觉记忆就像每个人心中一道独一无二的"菜"，包含个人的情绪与情结，代表了非同寻常的意义。依靠重温这种味觉记忆，人们能够找到内心的真实想法，有助于改善个人的情绪状态，转变判断与决策。

在日常生活中，人们常常会提到"妈妈的味道""家的味道"等概念，也体现了人对特定味觉的记忆。许多时候，当我们再度体验到熟悉的味道时，会唤起对往事的回忆。这些味觉记忆蕴含着重要的信念，影响着回忆者现实中的生活。有时候，人们会因为某种味道引发的回忆而感到安慰或鼓励；还有些人会在回忆中受到启发，将其化作改变现实的动力，从而开启一段全新的生命历程。可以说，如果能利用好味觉对心理的影响，不仅能改善情感体验，提升判断力，也会给生活带来切实的改变。

为何人类 "动口也动手"

古语有云"君子动口不动手",然而,在现实生活中,人们在说话时常会伴随手势的交流。偶遇陌生人问路时,你可能会在口头说明的同时伸出手指示方向;向朋友描述某一新事物时,你也许会用手"比划"物体具体的形状;上台演讲时,激昂的话语伴随着充满感召力的手势。由此可见,"动口也动手"是人们交流的常态。那么,你可能会产生一个疑问,为什么人们这么喜欢使用手势呢?

近年来,科学研究表明,手势不仅是手的移动,也在传达信

息，帮助人们补充口语表达中较难描述的部分；使用手势还能增进人们学习、理解新知识的能力。

手势的类型和作用

在生活中，人们使用的手势非常复杂、丰富，在科学研究者的眼里，手势有不同的分类，不同种类的手势在生活中发挥着不同的作用。美国芝加哥大学的戴维·麦克尼尔教授曾在1992年提出了对手势内容的经典分类，将手势分为标志性手势、指向性手势、节奏性手势和隐喻性手势。具体来说，标志性手势是人们用来指代物体的形状、大小和动作的手势，例如，当我们将双手交叉并轻轻挥动手指时，指代的是"飞翔的鸟"；指向性手势则往往意味着对物体和空间方向的指示，例如，示意他人"看飞机"时，手指向天空中的飞机，即通过手势表明飞机的具体方位；节奏性手势代表对重要事物的标记，起到提示的作用，例如，指挥家通过手势告诉演奏家音乐的速度和节拍；隐喻性手势通过具体的手势比喻抽象的概念，促进抽象信息的理解，例如，表达"抓住机会"时做出手抓握的动作。

不过，这四种手势并非人类天生就会使用，而是在生长发育过程中逐渐习得的。学会使用更多的手势往往意味着学习和理解能力的发展。研究表明，婴儿时期最早学会的是指向性手势，例如，9个月大的婴儿就能够跟随他人的手势看向近处的物体，12个月大的婴儿可以使用手指指向自己感兴趣的物体。在婴儿的口头语言表达能力尚未发展的时期，使用手势首先能够帮助孩子和成人进行简单的交流。

随着幼儿产生初步的语言能力，标志性手势紧随其后出现。两岁左右的幼儿使用标志性手势的频率明显增加，而在四五岁时，儿童识别和理解他人标志性手势的能力就趋于成熟，已接近成人

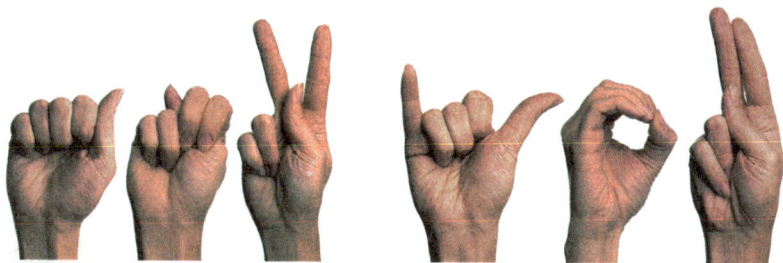

不同手势

水平。标志性手势作为对语言描述的补充，也象征着儿童语言能力的提升。

节奏性手势通常出现在 5 岁左右，学会使用这种手势的关键意义并不在于掌握具体动作，而在于手势所展现的儿童理解力的提升。例如，儿童在朗读诗时拍打手掌附和，表现了儿童对诗歌韵律的理解。

相较于指向性手势、标志性手势、节奏性手势，儿童学会使用隐喻性手势的时间较晚，主要出现在小学阶段。学龄期儿童已能轻松用手势表达隐喻，如将一伸一缩的手掌比喻为"闪烁的星星"，是由于两者的外形有一定的相似性。隐喻性手势表明儿童能够清楚地理解实际物体和比喻物体之间的联系，也象征着儿童隐喻理解能力的发展。

大脑的镜像系统

变化丰富的手势在不同生活场景中作用各异，最常见的作用表现在语言交流方面。手势的使用象征着人们对信息的理解，同时，观察他人的手势也有助于学习新知识和新技能。为什么手部的动作能够带来如此有效的帮助？大脑也许能告诉我们答案。

20 世纪 90 年代，意大利帕尔马大学的神经科学家贾科莫·里佐拉蒂在对恒河猴的研究中发现，当恒河猴观察其他猴子做出一些具有目标指向的动作时，如抓握香蕉，它们特定脑区的某些神经细胞会处于强烈的激活状态。也就是说，恒河猴的大脑中存在一类能够映射其他动物动作的神经细胞，就像镜子一样将动作反映在大脑里，这类细胞被科学家称为镜像神经元。

恒河猴

通过镜像神经元，恒河猴从观察中学会了这种动作，这意味着它的大脑完成了对动作的识别，同时理解了该动作的目标含义。因此，恒河猴不但能够识别其他猴子的动作是什么，更能理解它们为什么使用这个动作，并能预测出接下来它们的动作将如何延续。

之后，大量的研究表明，与恒河猴类似，人类的大脑中也存在这类用于匹配"观察动作"和"执行动作"的镜像系统。正是由于镜像系统的存在，人类才能够理解他人的手部动作，以及使用自己的手部动作描述具体的事物，以表达情绪或想法。在语言的进化过程中，这种手部动作逐渐演变为现代人使用的手势。

此外，也有研究发现，大脑中有关手部动作识别的镜像神经元所在的区域与负责语言功能的布罗卡区具有同源性。因此，手部动作和语言加工在人类的大脑中具有共同的神经基础。正是由于这样的机制，促使手势成为语言表达的补充。

手势让学习更轻松

我们已经了解到手势传达信息的基本机制，现在可以更具体地思考如何借助手势提升学习效率。

首先，如果想利用手势提升学习能力，那么不仅自己要使用手势，也要观察和学习他人的手势。已有研究表明，儿童观察成人使用指向性手势有助于词汇学习，例如，成人使用指向性手势指向水杯，并同时说出"水杯"这个词汇。通过手势作为中介，儿童就能够将语言符号与环境中的物体联系起来。这类方法能够扩展到更广泛的学习中。在观看他人教学时，教学者往往会结合一些手势进行表述，通过学习教学者的手势，我们可以将手部动作和学习信息联系在一起，加强记忆。

其次，使用手势需要判断其合理性，不能盲目地采用手势学习。例如，口头语言说出数字"3"，手势却做出数字"2"，在这种情境下，手势和语言传达的信息出现不一致。面对冲突信息，人们往往会消耗更多的认知资源去理解，反而损耗了学习的有效性。面对不一致的手势和语言信号，人们可能产生错误的学习信息，导致学习成果的质量大幅降低。因此，教学者应避免做出误导性手势，学习者也需要对手势的正确性进行判断。

在生活中，手势作为一种便利的交流方法，补充了人们的口头语言，同时，手势也是一种强有力的教学工具，能够促进人们从多角度进行学习。准确灵活地运用手势，让人与人之间的信息交流和情感表达更丰富；动起双手，让学习新知、提升技能更有效率，不再单调！

植物真的能闻到味道吗

"远闻其香，而知君至矣。"自古以来，浪漫而神秘的闻香识人给了人们无尽的美好遐想。那么，植物是否也有闻香识物的绝技呢？换句话说，嗅觉既然是人们感知世界的一种方式，那它是不是也是植物感知周围环境的一种方式呢？

根据《中国大百科全书》的定义，嗅觉指的是"挥发性物质作用于嗅觉器官产生的感觉"。如此说来，没有嗅觉器官（如鼻子）的植物是不会拥有嗅觉的。但如果我们将这个定义的范围放宽一些，将嗅觉视为一种"感知外界气味的能力"，那么嗅觉不但

在植物中广泛存在，而且植物嗅觉的灵敏度和通过嗅觉得到的信息量，早就大大超出了人们的想象。

菟丝子的嗅觉

科学家最早发现的拥有嗅觉的植物是菟丝子。这是一种一年生的寄生植物，缠绕于寄主植物体上，靠吸取寄主的养分和水分生长。人们发现，菟丝子非常喜欢番茄，无论是将番茄放在阳光下还是黑暗中，菟丝子都会"执着"地向着番茄的方向生长。难道菟丝子真能"闻到"番茄的味道吗？

为此科学家们设计了一个非常有趣的实验：将番茄和菟丝子分别放在两个箱子里，两个箱子之间仅有一根细管相连。经过一段时间的观察，科学家们发现，菟丝子会沿着细管朝装有番茄的箱子方向生长。在另一个实验中，科学家们将番茄茎提取物涂抹

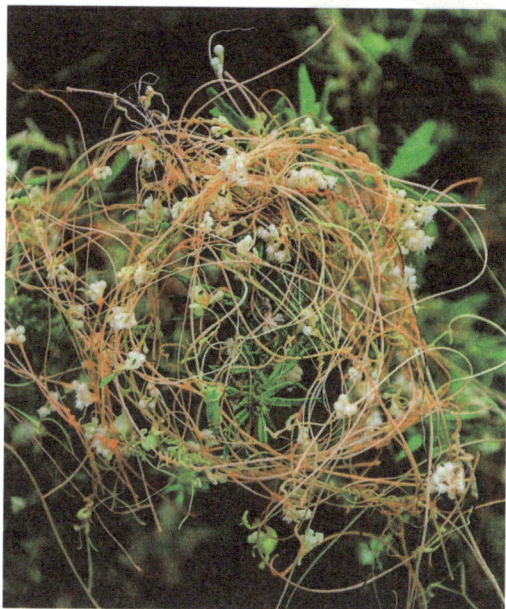

菟丝子

菟丝子，别称黄丝、豆寄生、龙须子、山麻子、无根草等，生于海拔200～3000米的田边、路边灌丛、海边沙丘或山坡向阳处。茎黄色，纤细，直径约1毫米，无叶。花期为7～8月，果期为8～9月。常寄生在豆科、菊科、藜藜科、蔷薇科等3000多种植物上，通过寄主植物吸取自身所需养分和水分，影响寄主植物光合作用，造成寄主植物生长衰弱，严重时引起寄主植物整株枯死。对大豆、花生、苜蓿、棉花、烟草、黄瓜、番茄、马铃薯、葡萄、胡麻等具危害性。

在一根棉签上，然后将它和其他未经处理的、外形一模一样的棉签摆放在菟丝子的周围。结果发现，无论怎么调整棉签的位置，菟丝子总能准确地朝涂抹了番茄茎提取物的棉签方向生长。通过这两个实验，科学家们得出结论：菟丝子确实是靠"闻到"番茄的气味而找到番茄的。

植物如何闻到味道

正常生长的植物会向外界释放独特的气味，这些气味分子的化学本质是具有挥发性的有机化合物。不同植物释放的有机物的成分和比例不尽相同，植物通过"闻到"周围不同的气味，来了解自身所处的环境，从而实现彼此的交流，科学界把这种现象称为"化感作用"。

化感作用是指一些植物通过产生和释放特定的化学物质（化感物质）影响临近植物以及自身生长和种群建立的作用。比如，黑胡桃的枝、叶、果实及根中含有胡桃醌，当黑胡桃的枝叶从树上掉下来后，经雨水的反复淋溶和微生物分解后，会逐渐释放出胡桃醌，土壤中极微量的胡桃醌能有效地抑制其他植物种子的萌发，因此黑胡桃树下很少长有杂草等其他植物，它们也不用担心被其他植物"抢"走土壤的营养。

已鉴定的化感物质涉及有机化合物的各种类型，主要是酚类、萜类、含氮化合物和其他次生物质四类。化感物质有时也是同种植物之间的交流信号。科学家们发现，当野生棉豆的叶子被甲虫啃咬后，会迅速产生和释放化感物质，通知周围的叶片"我现在被虫子吃了，大家快和我一起产生化感物质，把虫子赶走吧"。同时，它还会通知鲜花"快产生花蜜，让昆虫的天敌过来吧"。

在农业生产方面，植物的化感作用会直接或间接影响临近或后续（下茬）的同种或异种植物的萌发和生长，而且通常是抑制作用。这就是为什么有些作物种在一起会增产，而有些作物种在一起，不是一方受害就是两败俱伤。比如，水稻秸秆的提取物会抑制水稻、稗草、莴苣、鸭舌草等植物根的生长；小麦的化感作用会抑制棉花、燕麦、玉米、小绒毛草等的发芽及幼苗生长；西瓜、番茄、大豆、花生、黄瓜等普遍存在自毒作用（因化感作用而致植物自身或同种同科植物之间的生长抑制），从而造成连作障碍（在一块田地连续种植同一种作物的情况下，导致该作物生长发育状况变差、产量和质量下降的一种现象）等等。

当然，植物的化感作用也有产生相互促进的作用。如槭树和苹果树、梨树，皂角和白蜡树，马铃薯和菜豆，洋葱和甜菜，玉米和大豆、花生，豌豆和小麦，葡萄和紫罗兰……它们之间都可通过释放化感物质产生相互促进的作用，如将麦仙翁和小麦混种几年后，小麦就会明显增产。所以，利用好作物间的化感作用，可以在提高作物生产力的同时，显著抑制农田中的杂草和病虫害，可谓增产又环保。现如今，利用化感作用进行作物规划管理，已经成为农业现代化发展的一个重要方向。

世上真有浴火不焚的布吗

　　遥远的西域是一个迷人的地方，那里不仅有与东部地区风格迥异的壮丽美景，还有许许多多充满神秘色彩的奇珍异宝，如和田玉、夜光杯、切玉刀、汗血宝马……真是让人大开眼界。传说，西域有一种不怕火的布料，只要用火灼烧，就可以去掉布上的污渍，而布料本身毫发无损，被称为"火浣布"。

　　火浣布是否真的存在？如果世上真有火浣布，那它究竟是用什么材料制成的呢？

烧不着的宝衣

梁冀是东汉时期有名的外戚，人称"跋扈将军"，把持朝政近20年。一次，梁冀得到一件用火浣布制成的宝衣，为了炫耀这件衣服，就穿着这件衣服在家中宴请宾客。席间，梁冀装作不小心弄脏了衣服，他将衣服脱下，直接扔进火中，众人不明就里，面面相觑。过了一会儿，梁冀又命人从火中将宝衣取出，只见衣服非但没有被烧坏，反而洁白如新，原本沾上的油渍也不见了。众人见此惊羡不已。

由于火浣布极不寻常，很多人并不相信世界上真有这样神奇的面料。三国时期的魏文帝曹丕就对此持怀疑态度，他认为"世言异物，皆未必真有"，并将自己的观点著述在《典论》一书中。曹丕去世后，长子曹叡继位，是为魏明帝。为彰显曹丕的文采，他下令将《典论》作为不朽格言刻在石碑上，立于宗庙门外和太学里面，与刻在石碑上的儒家经典并存，以此昭示后人。令人意想不到的是，没过多久，西域就派遣使者送来了用火浣布做成的袈裟。于是，人们不得不将《典论》中关于火浣布的论述删除。这件事传出后，曹丕沦为天下笑柄。

作为稀世珍宝，火浣布的名字经常出现在中国古代的传说故事、诗词歌赋以及历史文献中。西晋博物学家张华所著的《博物志》中引用《周书》里的内容，留下了这样的文字："西域献火浣布，昆吾氏献切玉刀。火浣布污则烧之则洁，刀切玉如脂。"由此可见，火浣布与切玉刀齐名，是从西域传入内地的。据《三国志》中的记载，景初三年（239）二月，西域献火浣布；《晋书》中也有关于火浣布的记载，在前秦君主苻坚执政时期，天竺曾献火浣布；《宋史》中则记载，元祐七年（1092）五月，大食进火浣布；南宋学者周去非编写的地理名著《岭外代答》中也有关于火浣布的记载，说有一个吉慈尼国，其国土皆为大山环绕，该国产火浣布、珊瑚。据考证，吉慈尼国指的就是中亚突厥人建立的伽色尼王朝（962～1186），位于今阿富汗东南部。

无论火浣布的实际用途有多大，单凭它遇火不燃的魔法般的神奇特点就足以令人刮目相看。久而久之，火浣布逐渐演变成财富的象征。古人有诗云："单衣火浣布，利剑水精珠。自知心所爱，仕宦执金吾。"关于火浣布，还流传着一则与石崇有关的故事。石崇是中国西晋时期的大臣，也是历史上有名的富豪，喜欢与人斗富。一次，外国进贡了火浣布，晋惠帝命人将火浣布制成衣衫，又穿着这件衣服来到石崇家显摆。没想到，石崇竟然让家里的50个奴仆都穿上了用火浣布制成的衣衫。晋惠帝大为震惊，羞恼不已。火浣布石崇也因此成为豪奢的代名词。

石崇

石崇，字季伦，渤海南皮（今属河北）人。石崇性极豪奢，擅诗文，其《金谷诗序》闻名于世。时征西将军王诩当还长安，洛阳文人名士30人因集金谷送行，昼夜游宴，并各赋诗，不能者罚酒三斗。石崇将集会所作诗集为《金谷集》，亲为作序。

《金谷诗序》记叙金谷宴游，于欢乐中流露出对人生不可久长的忧愁，颇有情致。东晋王羲之也组织一次与之相类的兰亭集会，并撰《兰亭集序》。

火树皮与火鼠裘

既然火浣布在历史上真实存在，那它究竟是用什么材料做成的呢？有一种说法认为，火浣布是用一种树皮编织而成的布料。东晋学者郭璞在志怪小说《玄中记》中写道:"南方有炎山焉,行人以正月二月三月行过此山,取山下木以为薪,燃之无尽,取其皮,绩之为火浣布。"这里的"炎山"具体位置不详,提到的"山下木"也不知所云。另有其他文献记载,斯调国(位于今斯里兰卡)出火浣布,以树皮为之,其树入火不燃。

还有一种说法认为,火浣布是用一种名为"火光兽"或"火鼠"的动物皮毛制成的,产自炎洲。明代诗人阮自华有诗:"火浣出炎洲,良酝出淄青。"这里所说的炎洲指的是神话中的南海炎热岛屿,中国西汉时期著名文学家东方朔著有一本志怪小说集《海内十洲记》,书中记述了传说中仙人居住的十洲的异物,其中就包括炎洲的火浣布。书中写道:"炎洲在南海中,……又有火林山,山中有火光兽,大如鼠,毛长三四寸,或赤或白。山可三百里许,晦夜即见此山林,乃是此兽光照,状如火光相似。取其兽毛以缉

为布，时人号为火浣布，此是也。国人衣服之，若有垢污，以灰汁浣之，终不洁净，唯以火烧两食久，振摆之，其垢自落，洁白如雪。"

然而，火林山究竟是哪座山，火光兽到底是什么动物，至今仍是未解之谜。关于兽皮制成火浣衣的传说在历史上广为流传。宋代文学家苏轼曾在诗中提道："冰蚕不知寒，火鼠不知暑。"其中的"火鼠"和"冰蚕"都是古代传说中的珍奇动物，一种生活在火中，其毛可以织成火浣布；另一种则生活于冰雪之中，其丝可以用来织锦。

真相可能是石棉

火浣布身上之所以充满了谜团，最主要的原因在于史料中对它的具体情况着墨不多，后人只能根据其浴火不焚的特性进行推测。宋元间文学家周密专门考证过火浣布的材料，他在《齐东野语》一书中有过这样的记载："余尝亲见之，色微黄白，颇类木棉，丝缕蒙茸，若蝶粉蜂黄然。"根据火浣布的特性，周密想到了另外一种可能："或云，石炭有丝，可织为布，亦不畏火，未知果否。"这就给人们破解火浣布之谜提供了一种新的思路——莫非火浣布是用石头制成的？

我们知道，纺织品的原料主要有四种：动物（羊毛、丝绸等）、植物（棉花、亚麻等）、矿物（石棉、玻璃纤维等）及合成纤维（尼龙、聚酯、丙烯酸等）。其中，前三类是自然界中的天然产物，后

石棉矿物

一种是在20世纪随着化工行业的发展，人们利用石油制造出来的。取自动物和植物的材料主要由碳、氢元素组成，属于有机物，耐热性能较差，产自岩石中的矿物原料才具有耐高温的可能性。《元史》中提到的"别怯赤山石绒织为布，火不能然（燃）"即为此类。清乾隆皇帝曾作过一首题为《火浣布》的诗，专门讲述它的产地及特点，诗的开头即写道："闻有火浣布，出蜀越巂厅。"越巂厅位于今四川省越西县一带，以出产石棉矿而著称；后来，这里有部分区域被单独划出，设立了以矿命名的县——石棉县。据此推断，古人所说的火浣布很可能就是用矿物原料制成的，这种矿物就是石棉。

四川省石棉县

实际上，石棉是个商业性术语，并不指代某一种单独的矿物，而是一类可剥分为柔韧细长纤维的硅酸盐矿物的统称。按照成分和内部结构的不同，石棉可以分为蛇纹石石棉和角闪石石棉两大类。其中，蛇纹石石棉是纤蛇纹石的亚种，又被称为温石棉；角闪石石棉包括直闪石石棉、透闪石石棉、阳起石石棉及青石棉（钠闪石）等。从外观看，石棉具有如下典型特征：细如发丝，呈纤维状，长度从几毫米到数百毫米不等，最长者可超过 1 米，表面具有如同蚕丝一样的光泽，在外力作用下能显著弯曲而不断裂，具有良好的弹性。由于它们具有绝缘、隔热、保温、防腐、耐酸碱等诸多优良性能，而且产地较多，易于开采，生产成本低廉，曾被广泛用于制造水泥制品、瓷砖、地板、房瓦、管道保温层及高强耐热材料等。

历史学家认为，早在 4000 多年前，人类就开始使用石棉材料了。古人用石棉做灯芯，只要油不尽，灯就不会灭，这种长明灯常被放置于逝者的坟墓中，以期为他们照明。或许，正是受到"火浣布"的启发，1986 年出品的电视剧《西游记》在拍摄孙悟空大战红孩儿时就巧妙地使用了石棉。由于当时的特效技术还不够

蛇纹石石棉

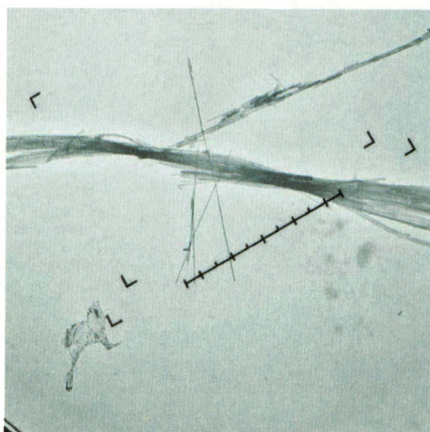

高倍显微镜下的蛇纹石石棉

先进，在拍摄中只能用真火。于是，道具师就先让演员穿上石棉衣，并在衣服外面涂上汽油，最后再套上戏服，这才演绎出孙悟空被三昧真火烧着的精彩一幕。

既然用石棉制成的衣服能防火，还不用清洗，为什么在现代没有流行起来呢？这是因为石棉有一个致命的缺点：虽然石棉本身并无毒害，但石棉纤维制品在出现破损后，容易产生极其细小的纤维（粉尘），飘散于空气中。如果人们生活或工作在这样的环境中，一旦没有进行正规防护，石棉纤维被人体吸入肺中并滞留，便可能与人体内的蛋白质结合，从而造成严重的石棉肺病。目前，石棉已经被世界卫生组织和国际癌症研究机构明确列为一类致癌物。因此，石棉的开采和使用如今都受到严格管制，人们也在努力寻找更合适的替代品，以消除石棉材料造成的危害。

米仓山的"丝线石"

其实，浴火不焚的矿物不只是石棉，也可能是石棉的"近亲"。在陕西省与四川省交界处的米仓山是大巴山的支脉，它自西北向东南延伸，海拔 1500～2000 米。传说，这里有许多石洞，洞中储存着许多白花花的大米，故而得名。其实，米仓山在地质构造上属于石灰岩分布区，发育有许多溶洞、暗河等喀斯特地貌，部分地区出露砂岩、页岩、花岗岩、板岩、千枚岩等其他岩石。相传，生活在米仓山的人们曾经用一种特殊的石头抽丝织布，制成衣服。这种衣服穿在身上不仅冬暖夏凉，而且能经受住烈火的灼烧，在灼烧时还会散发出一种如同炒瓜子的淡淡香味。

为了破解米仓山怪石的秘密，中央电视台《地理·中国》栏目组曾与地质专家一起进行过详细调查，最终证实，这种耐火烧的"丝线石"其实是一种纤维水镁石矿物。所谓的水镁石，又被称为氢氧镁石，呈白色或浅绿色，有些为片状集合体，有些为纤维状集合体。这种矿物常见于蛇纹岩中，由于低温热液充填进蛇纹石裂隙中，在热液温度逐渐下降的同时，岩石因受到外力作用，导致呈片状的水镁石不断被拉伸延长，最终形成了细丝状纤维集合体。纤维水镁石细如发丝，长度可达几厘米至几十厘米，常与温石棉共生。例如，在陕西省宁强县黑木林村的石棉矿中，纤维水镁石就占60%～80%。

米仓山

纤维水镁石具有较好的耐碱性能，但其耐酸性较差，能溶于酸，在人体内可以被分解而不致影响健康，可作为石棉的代用品。由于纤维水镁石还具有一定的耐热性，加热至450～500℃时才会失去坚固性，在材料及化工领域具有重要用途，可用于制造耐火材料、阻燃材料、隔热保温材料、摩擦材料（各种制动材料、刹车片等）、人造纤维、精细陶瓷、合成橡胶、土壤改良材料及饲料添加剂等，也可以用于提取氧化镁和金属镁。

水镁石

随着火浣布的真实面目被人们认知，这种曾经最名贵的面料渐渐失去了神秘色彩，也慢慢淡出人们的视线。但与之相关的矿物原材料仍然在我们的生产和生活中发挥着耐火、隔热、阻燃的作用，延续着"火浣布"的故事。

植物身高为何各不相同

　　在自然界中我们会发现，很多植物即便在相同的生长条件下，身高也不尽相同。你是不是认为，充足的光照会让植物长得更粗壮、更高大呢？实验却给出了相反的结论：将同一品种的大豆种子分别种在阳光下和树荫下，结果，在树荫下生长的大豆居然比在阳光下生长的大豆个头要高很多！其实，这一现象早在公元前300 年左右就被"植物学之父"泰奥弗拉斯托斯写进了《植物史》和《植物的本源》两本著作中。他发现，在茂密森林里生长的树木，长得高但枝干较细；而在阳光充足的环境下生长的树木，长得不高但枝干较粗。

　　我们都知道，光对植物的生长发育非常重要，因此植物会不断调整自己的身高以接收更多的阳光。当一棵植物发现自己处于

阴暗环境时，它就会拼命地长高，希望能赶超遮挡自己的其他植物。那么，植物是如何知道自己被遮挡了呢？

植物如何知道自己被遮挡了

1987 年，哈利·史密斯（英国著名植物学家）实验室做了一个实验：研究人员把正常生长的同种植物的幼苗分别放到模拟遮阴条件下和正常光照条件下，以观察幼苗的生长结果。实验发现，在一段时间后，模拟遮阴条件下的幼苗长得比正常光照条件下的幼苗要高。

经检测发现，在模拟遮阴条件下，光的强度明显变弱且光的成分不同。远红光的比例格外高，这是因为远红光能躲过上层叶片的吸收和反射，从而进入遮阴区。植物体内的光敏色素对远红光特别敏感，当植物"看见"远红光时，体内的光敏色素含量就会增加，进而植物便推测出自己正身处阴影下。这样一来，它就会想尽一切办法加速生长，超越遮挡物，为自己争取更多的阳光。

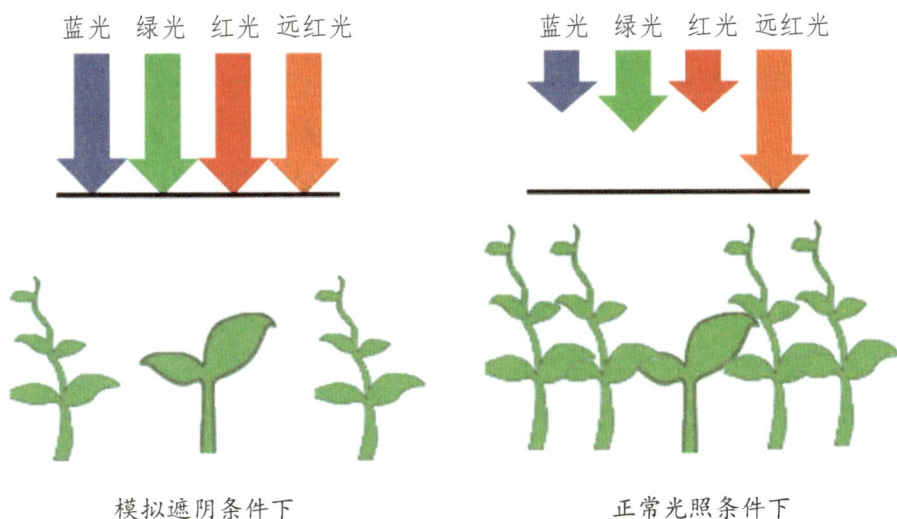

蓝光　绿光　红光　远红光　　　　　蓝光　绿光　红光　远红光

模拟遮阴条件下　　　　　　　　　正常光照条件下

"刹车""油门"怎么找

植物虽然不能像动物一样迅速对外界环境做出反应，但是它们体内有一些可以传递信号、调节发育的特定因子，这些因子在植物被遮挡时可以积极协调，让植物快速长高。这些因子大致可以分为两类：加速植物生长的"油门"和抑制植物生长的"刹车"。当"油门"启动时，植物会使劲长高，成为"瘦高个"；当"刹车"启动时，植物会减慢生长速度，成为"矮胖墩"。平时，这两类因子通力合作，让植物在不同的光照条件下尽量协调生长；但是当这两类因子不能正常合作时，植物也就无法正常生长了。

为了知道植物体内具体有哪些"油门"和"刹车"，植物学家们可是费了不少脑筋。他们从突变体库里找出许多突变个体，然后将它们种植在不同光照条件下进行筛选，希望找到以下三类"不能正常生长"的植物。

植物的向光性

植物器官受单方向光照射而引起的正向光性或负向光性弯曲的现象。植物向光性可分为正向光性和负向光性。

正向光性指光照引起的弯曲生长趋向于光照一侧。例如，多数植物的地上部分都有正向光性，以便获得更大面积、更多的光照，有利于光合作用，使植物更好地生长；植物的根则通常向背光的一侧弯曲生长，称为负向光性。

另外，植物在高光强或其他不良条件下也会表现出负向光性反应。例如，喜阴植物在强光条件下会向偏离光照的方向生长，这是植株躲避强光伤害的适应性反应。

第一类是那些在正常光照下长成"瘦高个"的植物——就像在遮阴条件下一样。如果某些基因失去功能后，植物生长加速，那我们就推测这些基因在植物体内是负责抑制生长的，也就是植物生长的"刹车"。第二类是那些即使处于遮阴条件下，依然长成"矮胖墩"的植物。如果某些基因失去功能后，植物不能正常长高，那我们就推测这些基因在植物体内起到促进生长的作用，是植物生长的"油门"。第三类是那些对遮阴条件格外敏感的植物。在正常条件下，它们的生长与其他幼苗没有区别，但在遮阴条件下，它们会长得比其他幼苗高。

经过多次实验，科学家们找到了许多植物生长过程的调控因子。比如前文提到的光敏色素，就是一种很典型的"刹车"因子。光敏色素失去功能后，植物就会对外界光照条件的变化视而不见，致使幼苗在正常的光照下也只能长成"瘦高个"。

自然界中的大多数植物在弱光下都会长高，希望尽快摆脱遮挡物。但也有一些例外，比如灌木和草。不管它们怎么努力生长，都无法超过大树，只能处于被遮挡的状态。于是，它们退而求其次，找到了另一条生存之道——尽可能地利用好弱光。这类植物又被称为阴性植物，它们一般具有又薄又大的叶片，叶表角质层薄，表皮细胞多呈透镜状以聚焦光照。相应地，那些需要较强光照才能健康生长的植物，又被称为阳性植物。

基于以上的研究结果，人们可以通过合理控制光照条件使植物长成人们所需要的样子。比如，烟农希望烟草不要长太高但烟叶要尽可能多，就可以在种植时留出足够大的间距，减少烟草之间的相互遮挡，这样烟草就可以通过增强"刹车"因子来保证叶片的产量。再比如，如果人们对木材的长度有更多要求，可以通过增加种植密度来制造遮阴环境，加大"油门"，从而使树木加速长高。

人为何能学会游泳

为什么很多陆地动物天生会游泳，而人类却不能

很多陆地动物在游泳这项技能上有天生的本能，原因是它们大多是四足动物。对于用四肢行走的动物来说，它们游泳不需要变换姿势，和在陆地上行走时姿态基本一样。而且它们鼻孔的位置又比较高，只要稍微抬起头，鼻孔就能探出水面呼吸，游泳也就自然变得非常容易。比如狗或马的"狗刨"式游泳，虽然算不上有效或优雅的游泳动作，但足以让它们过河，可让人类以直立行走的方式在水中游泳是行不通的。如果你见过一个完全不会游泳的人掉进水里，他们几乎都是以直立的方式处理水：在水中上下晃动一阵后，他们开始下沉，如果没人搭救，就会成为遇难者。

相比动物而言，人类需要学会在水中保持水平，这就需要学会适应脸部被淹没的状态。人类需要学会如何在水中控制呼吸，掌握游泳时特殊的呼吸模式。如果没有呼吸控制，人类能做的就是抬头游泳，这对于双足直立的人类来说，是最没有效率的游泳方式之一。但即使是这种方式，人类也必须将身体置于更水平的位置，否则就会溺水。

从物理学的角度来说，游泳时最重要的就是浮力，而为了让身体获得更大的浮力，就必须增大与水面的接触面积。人类的手脚又是从身体的两侧和正下方长出来的，这就意味着，如果要同时满足"漂起来"和"游得快"这两个条件，就必须学会把身体位置调整到水平状态和掌握适当的呼吸模式。总而言之，游泳不是人类与生俱来的技能。

人为何可以学会游泳

为什么会游泳的人在水中感到很自如？从人体的构成来看，人体虽然由骨头等密度远大于水的物质构成，却也有肠胃、肺等空腔，其中能储存一些空气，使得人体平均密度只有 1.02 克/厘米^3 左右，比纯净水稍微大一点（纯净水的密度是 1 克/厘米^3）。实际上自然水体或者游泳馆中的水，因为都有一定的悬浮物颗粒，水的密度还要比纯净水稍微大一些，能达到 1.005 克/厘米^3 左右。按照物理学中的阿基米德定律，一个物体在液体中都会受到或多或少的浮力作用，这个浮力的大小与物体排开液体的重量相同，因此人体在水中所受到的浮力也遵循着这个定律，即人体进入水中的体积越多，受到的浮力就越大。由于人体的密度与水的密度相近，理论上只有人体几乎全部没入水中之后，才有可能形成身体所受的浮力与重力相平衡的状态。

人能学会游泳则主要是掌握了对水施加作用力和在水中换气的能力。会游泳的人下水不慌乱，胳膊、腿的用力比较有节奏，能辅助人在水面游动，

花样游泳运动员露出水面

自由泳技术动作分解图

蛙泳动作分解图

能更好地借助水的力量浮在水面上，使更多的身体部位长时间露出水面，因此不影响人的呼吸和换气。

游泳有非常多的技巧，在此基础上可以将游泳方式划分为潜泳、蛙泳、自由泳、蝶泳、仰泳等。虽然游泳时人体在水中的运动方式不尽相同，但都是利用吸气和呼气的调节、四肢和头部的动作配合：一方面，由于空气的密度远小于水，因此通过吸气和呼气来控制胸腔内的气体总量，达到上浮和下沉的目的；另一方面，对水体的表面进行拍打或者在水体内部进行划动，借此扰动水流方向，从而获得对身体的反作用力，实现身体向前运动。

为什么游泳比赛中黑人运动员较少见

NBA 中有很多黑人运动员，迈克尔·乔丹、科比·布莱恩特、勒布朗·詹姆斯等巨星都是黑人。黑人的运动天赋是毋庸置疑的，不仅仅是篮球打得好，在田径项目中黑人运动员也常名列前茅。然而，黑人并不是所有运动项目都可以拔得头筹，世界级的游泳比赛几乎就没有黑人参加。很多人不明白其中的原因，但是道理却并不深奥。

首先，很重要的一个因素来自生理方面。黑人的肌肉比率要高出其他人种。肌肉重量的差距使得黑人在水中受到的浮力要小很多。此外，黑人骨骼的比重比白人高出 5%～10%。这同样也需要黑人在水中花很大的力气去解决身体下沉的问题。所以，黑人在游泳这项运动上先天就失去了优势。

其次，游泳这项运动对训练和比赛场地有着很高的要求，而非洲广阔的草原显然比较难以满足游泳所需的条件。相对而言，广阔的天地更适合田径和足球这样的运动。再加上非洲地区水资源就匮乏，珍贵的水主要作为生活用水。政府也不会投入很多的资金用于游泳场馆的建设以及购买设备。

不会游泳的人落水时，为何越挣扎越容易溺水

人在水中遇到危险的本能反应是：下肢在水下用力乱踩踏，上肢用力拍打水面，想尽可能地让上半身多露出水面，这样的操作是错误的。下肢在水下用力乱踩踏无法产生更多垂直于人体重心的向上冲力，原本漂浮的状态就可能变成下沉状态；而把头和上肢露出水面，水对人产生的浮力就比之前更小。人在这种不稳定的状态下，上浮下沉的幅度会变大，很难在水中找到漂浮的平衡点，更容易下沉。此外，人在溺水的紧急关头，肾上腺素分泌增多，心跳加快，导致肌肉紧缩、体积减小，整个人都处于紧绷的状态，而人体重量不变，所以密度会略微变大；并且在呼吸速度加快的情况下，肺部所容纳的空气量会更少，往往还会呛水，体内原本的空气被水替代，人体密度进一步变大，所以人在溺水后会沉入水中。

溺水后如何自救

1. 落水后一定不要慌张，切勿乱动手脚、拼命挣扎，这样既浪费体力，也更容易下沉。

2. 落水后如果发现周围有人，要调整呼吸，大声呼救。

3. 如果周围没有人，则要实施自救：憋住气，用手捏着鼻子，避免呛水；及时甩掉鞋子，扔掉口袋里的重物；身体尽量保持直立状态，头颈露出水面，并且双手还要作摇橹划水状，双腿要在水中分别蹬踏划圈儿，以此加大浮力；如果发现有比较坚固的物体，则要用力抓住此物体，以防身体被流水冲走。

为什么溺水者死后会上浮

人在溺水死亡后，尸体会先沉入水底，随着尸体的逐渐腐烂，体内的微生物开始对尸体进行分解。由于人体胃部和肠道中的细菌种类和数量非常多，分解过程中产生的甲烷和硫化氢等气体会导致尸体上半身肿胀，由于容纳了大量的气体，整个上半身的密度小于水的密度，尸体就开始上浮。

所以，我们经常看到新闻报道的水面浮尸，很多都是肚子或上半身露出水面，下半身浸入水中的状态。腐烂产生的气体先在胸腹部产生，最后才发展到下肢。如果是整具尸体都漂浮在水面上，那说明尸体早已高度腐烂了。

植物真能听见音乐吗

　　有一位印度科学家每天在自家院子演奏小提琴，他发现，在光照、温度和湿度一致的情况下，长在院子里的植物比长在院子外的植物更茂盛，由此他认为，可能是美妙的小提琴音乐促进了院子里植物的生长。

　　类似植物能听见音乐，甚至能听懂音乐的说法有很多，而真正关于植物听觉方面的科学研究却很少，某些"实验"不过是由音乐爱好者和科学爱好者完成的。从严谨的科学角度看，这些"实验"在条件的控制、对照的设置等方面都存在一些问题，不能轻易地根据这些"实验"来下结论。

　　植物听觉方面的科学研究始于生物学家达尔文。达尔文试图通过对着含羞草演奏大管来促进它的叶子闭合，结果没有成功。

达尔文在实验记录中说，这真是一个"愚蠢的实验"，他认为植物根本就听不见音乐。

植物听音乐实验

20 世纪 60 年代，女中音歌唱家多罗西·雷塔拉克的一项研究再一次吸引了公众的关注。为了完成学分，雷塔拉克在音乐学院进修时选修了"生物学概论"这一课程，并写成了《音乐之声与植物》一书。雷塔拉克坚信，优美的古典音乐可以让自然达到和谐，促进植物的生长；而嘈杂的摇滚乐则会抑制植物的生长。为了证明这一观点，她选取了几株不同种类的植物，分别将它们置于滚动播放着古典音乐和摇滚乐的环境中。几周之后，她发现，"听"摇滚乐的植物生长状态明显变差，叶子萎蔫枯黄；而"听"古典音乐的植物生机勃勃，绿意盎然。于是她得出结论："听"古典音乐的植物比"听"摇滚乐的植物长得好。

这个实验设计有对照，结果也与众人的认知相符，看上去似乎没什么问题，因此雷塔拉克的结论一经报道就迅速引起了大家的关注。不过，若是从科学研究的角度看，这个实验其实存在诸多问题：实验前，没有比较这些植株原本的生长状况；实验使用的植株数量太少，无法进行统计分析；没有对实验过程中的水分、光照、温度等条件进行严格的控制；实验无法重复（雷塔拉克自己和其他专业科学实验室都无法重复相同实验以得出相同结论）。因此，雷塔拉克的这一实验不能算严谨的科学实验，其结果也不能说明问题。

还有一个更有趣的实验——给玉米种子"听"不同的音乐以观察种子萌发率的变化。实验者将同一批收获的、遗传背景完全相同的玉米种子随机分成三份：一份置于没有音乐的箱子中，一份置于播放古典音乐的箱子中，一份置于播放摇滚乐的箱子中。

几天之后，实验者发现，相比于第一份种子，后两份"听"音乐的种子的萌发率都有了明显的提高，不过萌发率的差别并不大。出于严谨性的考虑，实验者重复做了这个实验。这一次他们又发现了一个小细节：持续播放音乐的两个箱子，表面温度都比较高。也就是说，实验中不仅有音乐这一变量，还有热源这一变量。果然，在将三个箱子的表面温度控制在相同条件下之后，三份实验中的玉米种子的萌发率就没有了明显区别。

实际上到目前为止，符合科学规范的相关实验均不能证明植物可以对外界的音乐做出反应。在科学上，我们目前仍然认为植物是不具备听力的。2012年的一项研究显示，对着种有玉米的盆的一侧持续播放同一频率的声音，玉米的根尖会朝着声源方向弯曲，且弯曲程度与声音的频率相关。这项研究能不能证明玉米能听见音乐呢？其实，包括玉米在内的某些植物，之所以会对部分声音做出反应，是由于特定频率的声音与植物细胞内部的固有频率相近，从而使细胞整体发生共振。共振使得细胞的状态发生改变，时间一长，便表现出了肉眼可见的弯曲效果。换句话说，植物并不是主动在"听"，而是被动感受到"振"，所谓的植物对声音有反应，其实是它被一浪高过一浪的声波给"振"出来的。

植物听觉真相

为什么植物不能主动对声音做出反应呢？其实这并不难理解。对于动物来说，声音是周围环境变化的即时信息，动物可以根据声音判断出环境中是否存在危险，从而决定是躲避还是战斗；而植物几乎是不能移动的，对环境信息做出反应也需要相对较长的时间。对植物来说，依赖声音获得的即时信息并没有什么用处，它们自然就不必消耗能量对声音做出反应了。

发表在美国《细胞》杂志上的一项科学研究显示，1000赫兹的正弦波声音刺激可以增强葡萄培养细胞和田间葡萄浆果皮中花青素的积累。研究人员认为，之所以出现这种变化，是因为声音振动刺激了葡萄的细胞膜。声音振动以细胞膜为目标，并通过细胞骨架或离子通道唤起信号转导级联反应。同时，钙离子可能作为声音振动的次要信使，通过磷酸化/去磷酸化将信号传递给其他信号蛋白或转录因子。

葡萄

声音振动还通过染色质重塑调节基因表达，被声音振动激活的基因表达导致了植物的生理和发育改变。不过，该项研究结果无法证明与葡萄藤中其他生理变化相关的任何结果。考虑到在田间试验中，声音刺激对葡萄的生长发育并没有产生负面的影响，所以为了达到增加花青素含量的目的，用声音对葡萄进行相应刺激，可能将成为葡萄栽培中的一项创新型实用技术。

科学研究是严谨的，每一个结论都要有坚实的证据支持，每一个实验证据都要有严格的设计、精确的对照、多方面控制变量、多次重复、统计分析等一系列科学的方法来支撑。并不是所有的实验结果都能符合我们的预期，眼见也不一定为实。当我们在各种媒体上看到令人或惊讶或惊喜的"科学实验结果"时，首先要想一想这个实验是不是具备科学研究的要素，进而判断实验结果到底真实与否。

树叶为什么会随季节而变色

我们知道，大部分树叶都会变色，春天，刚冒出枝头的叶子是嫩绿色；夏天，叶子变成墨绿色；秋天的时候，叶子就会变成黄、红等颜色；冬天，它们会回归泥土。这就是叶子的一生。为何叶子大多是绿色的呢？为何叶子会随着季节变化而变色呢？

叶子为何大多是绿色的

地球上的生命活力都来自太阳的恩泽，阳光驱动了植物的光合作用，通过光合作用，植物能借助太阳的辐射能和空气中的二氧化碳合成糖类物质。太阳光线由七种可见光谱组成，分别是红、

橙、黄、绿、蓝、靛、紫，与彩虹的颜色相同，也被称为七色彩虹光谱。绿色是地球上的植物中最常见的颜色，这与植物叶片在光合作用过程中吸收的阳光光谱有关。当一种物质吸收七色彩虹光谱中的一种或多种光，并反射或传输其余的光时，它就呈现出其余光的颜色。太阳的颜色、温度以及它与地球的距离，决定了地球上的植物可以吸收大部分波长的光，但不吸收绿色光，于是这一波长的光被反射回去，进入我们的眼睛，于是我们就会看到植物呈现绿色。

叶子为何不是黑色的

其实，光合作用最理想的颜色是黑色。从理想的情况来说，叶子颜色应该是黑色的，因为这样它就可以吸收所有颜色的光，可以更大限度地利用这些光进行光合作用，为自己提供更多的能量。然而，大自然为什么选择了绿色作为叶子的颜色呢？

这就要从远古时期谈起。地球上最初的植物是生活在海洋里的。因为能够透进海洋里的光是很少的，所以，这种植物要进行光合作用，必须能吸收所有颜色的光才够制造能量。因此，这种植物就呈现很暗的颜色（有点像我们吃的海带的颜色）。比如，生长在深水中的红藻含有一种叫藻红蛋白的物质，它就可以吸收很多种颜色的光，所以它的叶子就几乎是黑色的，这对在深水中进行光合作用是最理想的。

之后来，地壳运动使海洋变成了陆地，这些植物必须适应环境变化。它们生长在有充分光线的地方，再像原来那样，吸收所有颜色的光就容易被强烈的光线灼伤。绝大部分的陆生植物，由于光线充足，绿光没被吸收利用，而是被反射出去了。我们眼睛接收到这种光，所以看到的植物是呈现绿色的。

秋天叶子为何会变黄

秋天到了，山野间的树叶转眼间变成美丽的黄色或红色，这又是为什么呢？当秋天到来时，白天缩短而夜晚延长，树木开始落叶。在寒冷的季节，植物仍需要大量的能量和水来保持叶子的健康。我们知道，阳光供给植物能量，但是冬天又冷又干，而且通常没有充足的阳光。大多数植物为了减少养分的消耗，只好舍弃它们的叶子。在落叶之前，树木不再像春天和夏天时制造大量的叶绿素，叶绿素开始逐渐分解。这样，随着叶绿素含量的逐渐减少，其他色素的颜色就会在叶面上渐渐显现出来，于是树叶就呈现出黄、红等颜色。

秋天，随着天气转凉，温带地区大约10%的树种会在几周时间里出现树叶变色的现象。很多种类的树叶会变成黄色，比如杨树、银杏等，这是因为树叶里参与光合作用的主要化学物质叶绿素降解，转运回树干、树根储存起来；而平时担任光合作用辅助角色的化学物质类叶黄素、胡萝卜素的颜色呈现出来。还有一些种类的树，如枫树、椿树、黄栌的叶子变成红色，这是因为当

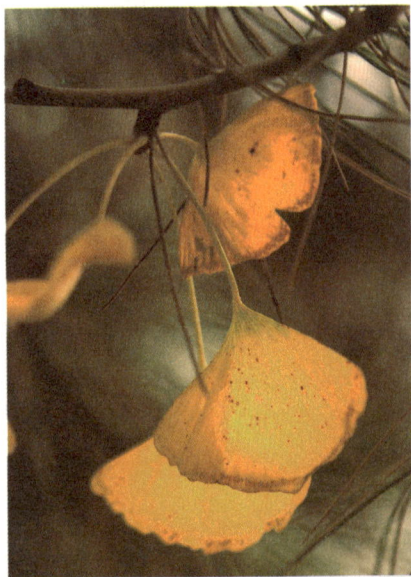

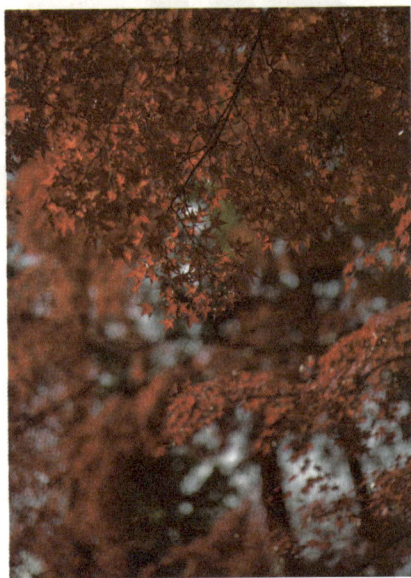

气温达到 0～7℃时，这些植物树叶里生成了一种叫作花青素的化学物质。秋天渐渐临近时，温度渐渐降低，枫树等树木为了抵御寒冷，体内的糖分增加，加上干燥的天气和白天的日照，非常有利于花青素的产生。

为何有些植物会四季常青

大多数树木的叶子到了秋季都要变黄枯萎，可是松树和柏树即使到了寒冷的冬天还穿着一身绿衣服，生机勃勃地站在那里。

松树和柏树原是生长在寒带和高山上的树木，由于长期在寒冷的环境中生活，形成了独特的御寒构造。松树和柏树的叶一般都呈针形、线形或鳞片形，由于叶片面积小，因而水分不容易蒸发散失。同时，松树和柏树叶片内水分少，又含松脂，当气温降低时，可以很快地使细胞液浓度增大，增加糖分和脂肪以便防冻。所以，即使在冬季，松树和柏树也不会因缺水而干枯，保证了树木的生机永存。

叶片都有一定的生命周期，

每片树叶达到一定的年龄就要脱落，松树和柏树也不例外。它们的树叶也是要衰落的，只不过松树和柏树的叶子生命周期长，可生长3～5年，脱换时又是互相交替，一般要在新叶出现以后，老叶才枯落，看起来好像不落叶一样，所以给人以冬夏常青的感觉。

叶绿素a: R=CH₃
叶绿素b: R=CHO

叶绿素 a 和叶绿素 b 的结构式

松树和柏树的叶子在冬季虽然还是绿色的，但比起春、夏、秋季，颜色要差多了。这是由于冬天气温低，叶内叶绿素的生成受到限制。这种颜色的变化，能减弱树叶内的光合作用，使树木的生理活动变得缓慢。这对于保证松树和柏树安全过冬是非常有利的。

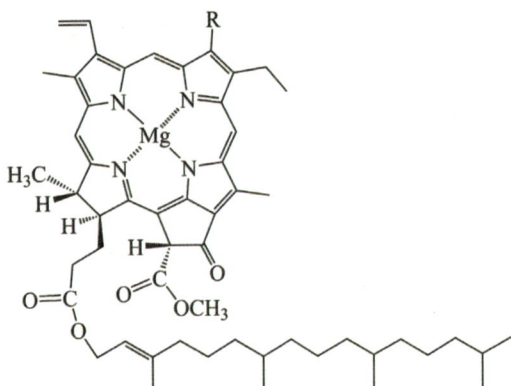

自然界中为何少有绿色的花

为什么花朵五颜六色却少有绿色的呢？这种现象的出现与植物的进化相关，当被子植物开出地球上第一朵花，植物世界的"生育政策"便被改变了。花作为被子植物特有的有性生殖器官，在繁衍后代中处于极其重要的地位，它可以形成雌雄两性生殖细胞以及传粉受精。

但我们知道植物是不会动的，所以要想传粉就必须依靠外力，比如风、昆

虫等不同的媒介。以虫媒传粉的花朵为例，它们要想吸引昆虫，就必须自身有足够大的魅力。因此它们需要各种鲜艳的颜色，以吸引昆虫的注意。如果花与叶片同一个颜色，就不易被昆虫发现，不利于繁衍与进化，所以绿色的花较少。像不需要昆虫帮忙授粉的风媒花，就不会那么注重"颜值"，如柳树、枣树、水稻等的花都是绿色的，只因它们的颜色不显眼，许多人才会误认为世界上没有绿色的花。

地外行星上的植物是什么颜色

如果地外行星上有植物，会是什么颜色呢？我们已经知道地球上大多数植物是绿色的，因为地球上的植物吸收绿光最少。地外行星上的植物的颜色取决于该行星上植物的光合作用如何适应其恒星发出的光。来自其他恒星的光可能与太阳的光谱不同。银河系中最常见的恒星是红矮星。因此，天体生物学家认为，生长在围绕此类恒星运行的行星上的植物，如果同样需要进行光合作用，那么它们将进化出不同的波长吸收模式，可能呈现红色、黄色、紫色，甚至灰黑色等，以便更有效地吸收有限的光照资源。例如，如果外星球上的植物叶子吸收的红光最少，那么这个星球上的森林和草地很可能是红色的。

会"呼吸"的房子

2021 年 3 月 15 日，中央财经委员会第九次会议强调"我国力争 2030 年前实现碳达峰，2060 年前实现碳中和"。"双碳"战略倡导绿色、环保、低碳的生活方式，2019 年相关数据显示，建筑领域作为社会能源终端大户，其碳排放占比竟然超过了社会碳排放总量的 50%。如果建筑业不走绿色转型和高质量发展道路，势必会在一定程度上影响"双碳"目标的实现。

"十四五"时期是碳达峰的关键期、窗口期。建筑领域开展"双碳"工作，可以从很多方面着手，比如推广绿色建材及低碳技术应用，研发推广利废、节能效果显著的建材产品；大力推广超低能耗、零（近零）能耗建筑，发展装配式装修、装配式构造等装配式建筑，提高建筑可再生能源应用比例；加强建筑用能精细监测、智能管控，开展建筑能耗限额、碳排放限额管理，等等。下面我们来谈一谈超低／近零能耗建筑，人们常简称它们为"被动房"。

什么是"被动房"

1977 年，丹麦技术大学埃斯本森教授首次提出了"零能耗建筑"的概念，即通过良好的设计和建造，仅采用太阳能为能源就能保证建筑物冬季供暖的建筑。不过"零能耗建筑"的概念虽好，真正建造起来，成本却非常高。1991年，德国工程／建筑物理学家沃尔夫冈·菲斯特教授提出了"被动房"的理念，并建造了第一座被动房。随后，德国被动房作为被动式超低能耗建筑理念的重要参考标准，在世界范围内被广泛吸收和应用。

菲斯特教授建造的全世界首座被动房——Darmstadt-Kranichstein 联排住宅

从提出"零能耗建筑"概念至今，被动式建筑历经几十年的发展，各国纷纷提出相似但不同的定义，并建立了适合本国特点的技术标准及技术体系。目前，中国对"高标准节能建筑"的定义主要有三种。

超低能耗建筑，即适应气候特征和自然条件，通过被动式技术手段，有效降低建筑采暖、供冷需求，大幅提高能源设备与系统效率，以更少的能源消耗提供舒适室内环境的建筑。

近零能耗建筑，即适应气候特征和自然条件，通过被动式技术手段，最大幅度降低建筑采暖、供冷需求，最大幅度提高能源设备与系统效率，利用可再生能源，优化能源系统运行，以最少中国建筑节能协会、重庆大学发布的《2021中国建筑能耗与碳排放研究报告：省级建筑碳达峰形势评估》显示：2019年，全国碳排放总量为98.77亿吨，建筑全过程碳排放总量约为50亿吨，占全国碳排放总量的比重为50.6%。其中：建材生产阶段碳排放量占全国碳排放总量的比重为28%，建筑施工阶段碳排放量占全国碳排放总量的比重为1%，建筑运行阶段碳排放量占全国碳排放总量的比重为21.6%。

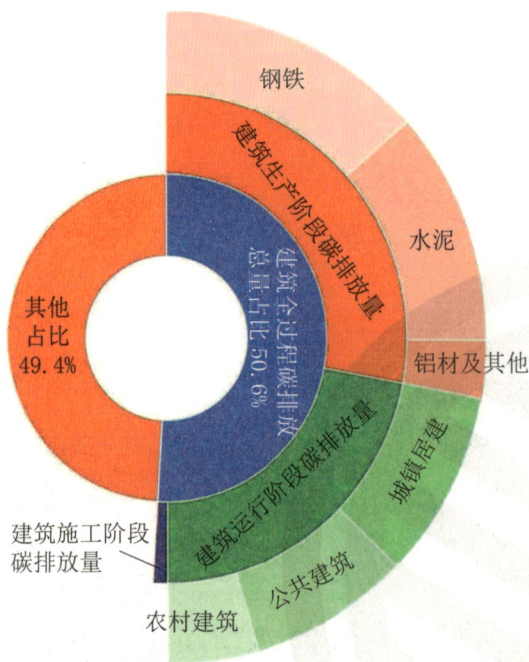

（图中文字）

钢铁

水泥

铝材及其他

城镇居建

公共建筑

农村建筑

建筑运行阶段碳排放量

建筑施工阶段碳排放量

建筑生产阶段碳排放量

建筑全过程碳排放总量占比50.6%

其他占比49.4%

的能源消耗提供舒适室内环境的建筑。

零能耗建筑，即适应气候特征和自然条件，通过有效降低建筑能耗需求、大幅提高能源系统效率、充分利用建筑物及周边的可再生能源，使可再生能源全年供能大于或等于建筑物全年用能的建筑。

房子如何进行"呼吸"

超低 / 近零能耗建筑听起来挺玄，其实原理并不高深。在传统建筑中，受墙体及门窗等隔热保温性能不良、气密性不佳和热桥效应（因室内外温度、湿度、热量相差较大，墙体导热不均而产生的内墙结露、发霉，甚至滴水的现象）等影响，人们不得不"主动"借助空调、暖气、加湿器或除湿器来调节室温、湿度和空气质量。如此一来，不仅增加了能耗，还可能影响人体健康。而超低／近零能耗建筑几乎不需要这些设备的帮助，就能达到居住环境温度、湿度皆适宜，空气清新的效果，就像会"呼吸"一样。那么，超低／近零能耗建筑是如何做到这些的呢？

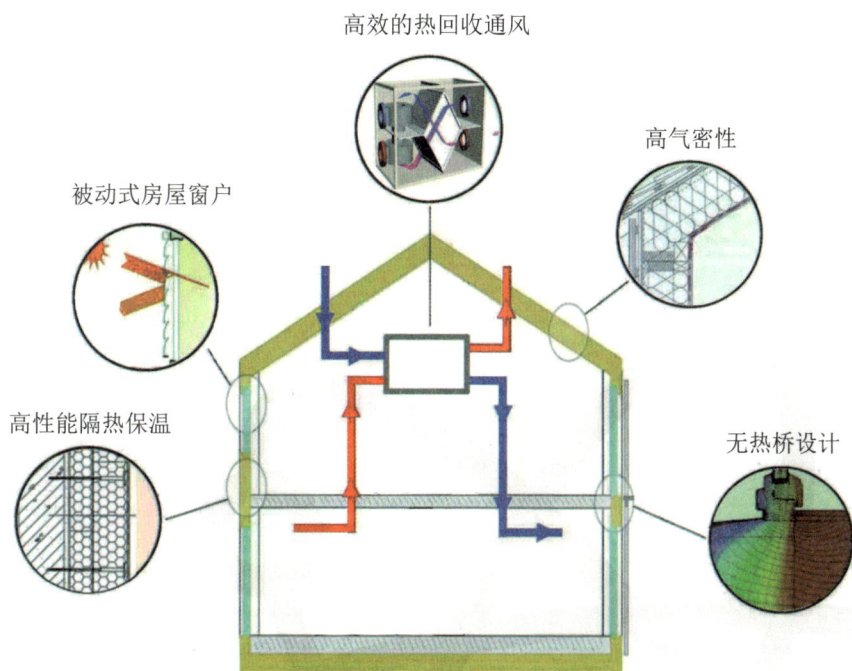

被动房建造的五大原理

超低／近零能耗建筑提升节能水平的关键技术有很多。比如，节能的设计理念、无热桥设计、高效保温的围护结构、优质节能的门窗和遮阳系统、极佳的气密性和水密性、带热（湿）回收功能的新风系统、自然资源的直接利用、再生能源的利用，等等。如此一来，超低／近零能耗建筑不仅能通过建筑本身的构造来达到高效的保温、隔热性能，还能充分利用太阳能、地能、风能，以及各种再生清洁能源让人们的居住环境更舒适。

以建筑通风廊道设计为例。在炎热和潮湿的地区，空气自然流动是最优选的冷却方法，所以当住宅楼内部的主要通风廊道与该区域主导风向在一个方位上时，可有效改善建筑组群内的通风环境，加强室内自然通风，创造空气自然流动的舒适环境。

以高效智能遮阳隔热系统为例。玻璃窗是传热系数最大的围护结构之一。夏季给室内降温的一个常用办法是使用窗帘或遮阳帘，但实际上，这是一种非常低效的降温方式。不管是窗帘还是遮阳帘，都只能局部遮阳，还影响室内采光。而且，为了隔热，在炎热的白天，人们通常选择不开窗，如此一来，被阳光照射后的窗帘或遮阳帘又成了另一个热源，导致室内又热又闷。不过，通过安装高效智能遮阳隔热系统，不仅可以让建筑整体达到更高效的遮阳降温效果，还保证了有效的采光和通风。

这套系统的典型特点是外遮阳。和传统安装在室内的遮阳产品不同的是，这套系统的相关遮阳设备通常安装在建筑外围。它能根据户外光照环境的改变进行智能调节，轻松改变遮阳设备的角度和朝向，做到既遮阳引光，又通风防雨。这是一种强大的被动策略，如果得到充分利用，会对建筑物的整体性能和空间质量产生巨大影响。研究报告显示，高效智能遮阳隔热系统可以在夏季隔热、冬季保温中减少 25% 以上的空调能耗。如果将其与特殊墙体、高气密性能门窗有机结合起来，将对降低夏季制冷能耗和冬季采暖能耗产生显著贡献。

当然，不同地区设计、建造超低 / 近零能耗建筑要因地制宜，要根据当地的气候环境进行考量。对于哈尔滨，需要的是针对寒冷干燥的冬天的被动供暖策略；对于海南，需要的是针对潮湿闷热的夏天的被动制冷策略；对于冷热分明的地区，则要同时考虑被动供暖和被动制冷双策略。

超低／近零能耗建筑的发展离不开科技的进步，它依赖于太阳能光伏系统、太阳能光热系统、高性能建筑外墙保温系统以及建筑内部智能化控制等先进技术的逐步发展和完善。超低／近零能耗建筑的最终目标是实现零能耗，强调建筑产出的能量要比消耗的能量更多。频发的自然灾难一直提醒着人们应对全球气候变化的紧迫性，所以，发展建筑节能不仅是为了减少化石能源的使用和碳排放，更是为了提高应对未来极端气候挑战的能力。它的意义不仅仅是为了让人们居住得更舒适，更是为了创造一种可以自我运作的自循环系统，尽可能地减少对环境的破坏和对资源的依赖。

"钢镚儿"中的化学知识

随着时代的变迁，快捷方便的移动支付日益成为主流，小到一分，大到一元的小面额硬币作为人民币辅币的使用率越来越低。不过，这些被通称为"钢镚儿"的硬币并没有从我们的生活中消失，除了流通价值之外，它们还承载着悠久的货币文化，映照着昔日的美好回忆。回顾往昔，不难发现，数十年来，中国发行、流通的硬币不仅图案各异，而且材质也不尽相同。硬币究竟是用什么材料制造的？下面，就让我们从化学知识入手，来探究一下它们的"身世"吧。

铝镁合金与"钢镚儿"

中华人民共和国历史上首次发行硬币的时间是 1957 年。从这一年开始，承担货币发行职责的中国人民银行发行了 1 分、2 分、5 分三种面值的硬币，它们属于第二套人民币。想必不少 80 后对它们仍然记忆犹新，要知道在 30 多年前，几分钱就能买到一小袋"唐僧肉"或者"无花果"。那时候，大家把这些小面额硬币通称为"钢镚儿"，并且这种叫法一直沿用至今。其实，这些硬币并不是钢铁材质的，而是铝镁合金材质的。

第二套人民币中的硬币

金属铝和镁同属银白色轻质金属，铝的熔点为660℃，沸点为2519℃，密度为2.7克/立方厘米；镁的熔点为650℃，沸点为1090℃，密度为1.74克/立方厘米。铝的化学性质相当稳定，当其暴露在空气中时，表面会形成一层致密的氧化膜，相当于穿了一副铠甲。镁的化学性质非常活泼，镁粉、镁条等在空气中就可以燃烧。

纯金属铝的质地较软，可一旦与其他元素构成合金，马上"性情大变"，机械强度大增，成为赫赫有名的铝合金。铝合金具有分量轻、强度大、耐腐蚀等诸多优点，从空间站、运载火箭、飞机、汽车、仪器仪表等高科技领域到计算机、手机等电子信息

铝元素在地球上的含量仅次于氧元素和硅元素，排在第三位，因此，金属铝较为便宜。不过，在金属铝的电解法提炼还没有实现大规模工业化之前，情况并非如此。铝制品在当时可是顶级的奢侈品，法国国王拿破仑三世便以使用铝制餐具为荣，至于其他贵族，只能使用"普通"的金银餐具。随着技术的进步，金属铝早已经进入寻常百姓家。在20世纪90年代以前，铝制的饭盒、蒸锅可是中国人家庭厨房中的"标配"。

铝锅

产品领域，从冰箱、洗衣机、电视机等家电领域到门窗、吊顶等建材领域，以及厨具、玩具、浴室挂件等日用品领域，铝合金都在其中发挥着重要作用。

用来制造第二套人民币硬币的铝镁合金就是铝合金中的优秀代表，非常适合在市面上长期流通使用。这是因为，铝镁合金色泽鲜亮美观，密度小，耐腐蚀，具有很强的承载能力和耐冲击力，长期使用不易变形，具有良好的抗磨、抗刮性能，因而不容易被刮花，这也使得其使用年限大大延长。不仅如此，铝镁合金的铸造性能好，稳定性强，易回收，可以再次利用。

将问天实验舱成功送入太空的长征五号B遥三运载火箭就使用了铝合金材料

"第三套" 中的 "小铜板"

1980年，中国人民银行发行了第三套人民币硬币，包括1角、2角、5角和1元四种面值的硬币。这套硬币的材质是铜合金，其中，1角、2角和5角硬币均为金灿灿的铜锌合金（黄铜），1元硬币则为银白色的铜镍合金（白铜）。该套硬币于2000年7月1日起退出了流通，目前市面上已很难见到。

第三套人民币中的硬币

铜是人类最早认识并加以利用的金属之一。这是因为自然界中存在着天然金属铜，使得人类可以方便地获得铜，并由此熟悉了铜的性质；所以，人类文明发展的早期阶段之一被命名为青铜器时代，李时珍的《本草纲目》中也有关于自然铜的记载。自古以来，金属铜就是用来制造钱币的主要原料，历史上的方孔铜钱，近代的铜元、铜板，现当代的人民币硬币身上都可以看到铜的身影。无怪乎，时至今日，江浙沪等吴语方言区仍用"铜钿"泛指金钱。因此，铜与金、银并称为货币金属。有趣的是，这三种元素在化学元素周期表上同属于第一副族（IB）。这也表明，它们在结构和性质上具有相似性。

纯粹的金属铜是红色的，俗称红铜，在空气中形成氧化膜后，显示为玫瑰红色，因此又被称为紫铜。铜的熔点为1085℃，沸点为2562℃，密度为8.96克/立方厘米，属于重金属，其导电性和导热性仅次于银。考虑到成本因素，电线电缆中使用的导线通常是铜，而不是银。金属铜在含有二氧化碳的潮湿空气中会发生化学反应，生成绿色的铜锈——碱式碳酸铜，这也是我们看到古代一些铜器的表面覆盖着一层绿色物质的原因。

金属铜非常容易与其他金属形成合金。与金属铝的情况类似，金属铜形成合金后，其机械强度也得到明显提高。常见的铜合金有青铜、白铜和黄铜等。青铜是以锡、铅为主要合金元素的铜合金。在距今4000年的夏代，中国就已经进入青铜器时代，以"后母戊"鼎、四羊方尊为代表的大量青铜器表明我们的祖先已经掌握了高超的青铜冶炼技术和制造工艺。

"后母戊"鼎

白铜是以镍为主要合金元素的铜合金，色泽银白，耐腐蚀性优良，曾经作为云南地区的特产享誉世界。云南白铜曾主要用于造币，亦可用于制作仿银饰品。作为中国古代冶金技术的独创产品，东晋常璩的《华阳国志》中有关于白铜的最早记载："堂螂县因山名也。出银、铅、白铜、杂药，有堂螂附子。"堂螂县位于今云南会泽、巧家和东川一带，那里富产铜矿，邻近的四川会理产出镍矿，两地有驿道相通。当镍铜合金中的镍含量超过 16% 时，合金的色泽就会变得洁白如银，镍含量越高，合金的颜色就越白。

中国古代制造的白铜器件不仅销于国内各地，还远销国外。传入欧洲的白铜制品经过研究和仿制，摇身一变成了举世闻名的"德国银"，也就是锌白铜合金。如今，白铜在电工仪器仪表、精密机械、船舶构件和化工机械等领域都有着广泛的应用。

黄铜是以锌为主要合金元素的铜合金，其色泽金黄，耐腐蚀性较好，但稍逊于白铜。黄铜有着悠久的应用历史，除了在工业领域的应用之外，在日常生活中也经常可以看到它们的身影，比如门把手、地板压条、水龙头、阀门等日用五金件，锣、镲、号等中外乐器以及各种装饰摆件等。

黄铜制成的小号

金属镍是银白色金属，熔点为 1455℃，沸点为 2913℃，密度为 8.90 克/立方厘米，在空气中稳定存在，耐腐蚀性好。在工业领域中，金属镍除了作为合金元素外，还可以作为耐腐蚀的金属镀层，以及用于有机化学反应的加氢或脱硫催化剂。有趣的是，美元中的 5 美分硬币被称为镍币（Nickel），常常使人们认为它是由纯镍制成的，实际上，其含镍量仅为 25%，其余则为铜，也就是说，5 美分本质上还是白铜材质，但却以镍来命名，足见镍的重要性。

金属锌也属于白色金属，性脆，熔点为 420℃，沸点为 907℃，明显低于大多数金属，密度为 7.13 克/立方厘米。它容易失去电子变成锌离子，化学性质较为活泼，在空气中可以形成致密的氧化膜。金属锌的活泼性导致它不适合单独作为硬币的材质，但也为它在其他方面的应用提供了机遇。比如，干电池就包含金属锌。干电池额白色金属外壳，就是锌皮，它既是干电池的壳体，又是干电池的负极，身兼两职。

干电池

利用金属锌活泼的化学性质，还可以对其他金属起到保护作用。常见的做法是将金属锌与水下的闸门、管道、舰船等钢铁构件相连接，通过原电池的作用原理保护钢铁不被腐蚀；与此同时，金属锌被逐渐腐蚀掉，因此，它被称为"牺牲阳极"。此外，还可以将金属锌镀在钢管、钢板表面，达到防止腐蚀的目的。日常生活中的煤气管道、消防管道、铁皮屋顶等所披的银白色"外衣"就是金属锌。

"第四套"中的钢材质

1992 年，中国人民银行发行了第四套人民币硬币，包含 1 角、5 角和 1 元三种面值的硬币。1 角的材质是我们熟悉的铝镁合金，5 角的材质为金色的黄铜，1 元的材质则为银白色的钢芯镀镍，这也是钢材质首次出现在人民币硬币中。这套硬币中的 1 角自 2018 年 5 月 1 日起退出流通，其他两枚仍可使用。

在人类历史上，金属铁的利用晚于金属铜，主要原因是自然

第四套人民币中的硬币

界中不存在天然的金属铁，且铁的熔点远高于铜，人类早期的冶炼技术达不到熔化铁所需的温度。经过漫长的岁月，人类继青铜器时代之后进入了铁器时代，金属铁的利用标志着社会生产力发展到了全新阶段。

纯的金属铁为银白色，熔点为 1538℃，沸点为 2861℃，密度为 7.87 克/立方厘米，质地较软，作为结构材料难当大任。幸运的是，人类早期在冶炼铁矿石后得到的并非纯的金属铁，而是以金属铁为主体、混杂有碳、硅、锰等元素的铁合金。铁合金是黑色金属，机械强度高，可作为结构材料使用。

根据含碳量的不同，铁合金可以划分为生铁和钢两大类：含碳量在 2%～4.3% 的为生铁，含碳量在 0.03%～2% 的为钢。生铁硬度大，但性脆，经受不住锻打和压延，通常用作炼钢原料或者铸造用材。钢除了质地坚硬，还具备弹性和韧性，非常适合锻轧，同时也能用于铸造，用途比生铁更为广泛。

铁元素在地壳中的储量排在铝元素之后，居第四位，因此，钢铁的利用成本较低，是人类社会使用最广泛的金属材料。不过，钢铁材料有一个致命缺陷——在潮湿的空气中容易发生氧化腐蚀，也就是"生锈"。为了避免钢铁生锈，人们通常在其表面涂刷防锈油漆，或者是制造锌、镍等其他金属镀层。钢芯镀镍材质的 1 元硬币，就是利用抗腐蚀能力强的金属镍作为钢材质内芯的保护层，这样既降低了造币成本，又实现了色泽美观、经久耐用的功效。

"第五套"中的不锈钢

进入 21 世纪以后，中国人民银行陆续发行了第五套人民币硬币，也就是目前流通最广泛的一套。它包括铝镁合金以及不锈钢材质的 1 角、钢芯镀铜和钢芯镀镍材质的 5 角、钢芯镀镍材质的 1 元三种面值的硬币。在这套硬币中，不锈钢材料闪亮登场。不锈钢属于特种钢，是含有金属铬和金属镍等成分的钢，具有抵抗潮湿空气、酸、碱和盐腐蚀的能力。

第五套人民币中的硬币

不锈钢中的主要合金元素是金属铬。铬是蓝白色金属，熔点为 1907℃，沸点为 2671℃，密度为 7.15 克／立方厘米，其质地坚硬，与金刚石接近，是硬度最高的金属。但它性脆，单独使用具有局限性，多用于制造不锈钢或作为保护钢材的镀层。金属铬镀层具有光亮的镜面金属光泽，耐磨和耐腐蚀性能优异，是非常好的金属保护层，既可以发挥保护作用，又具有装饰功能，在汽车、仪器仪表、日用五金件等多个方面应用广泛。

不锈钢的发现纯属偶然

研究人员在开发耐磨钢材料时将一种含铬样品淘汰丢弃，几个月后却意外发现废弃的样品依然闪闪发亮，丝毫没有生锈的迹象，于是开启了不锈钢的传奇之旅。时至今日，大到雕塑、护栏，小到厨具、餐具甚至缝衣针，不锈钢在我们的生活中随处可见。

真金白银不可少

除了上述普通硬币之外，人民币硬币中还包含普通纪念币和贵金属纪念币。中国人民银行从 1984 年开始发行普通纪念币，迄今使用过 6 种材质，分别是铜镍合金、铜锌合金、钢芯镀镍、紫铜合金、镍包钢和双色铜合金。其中，紫铜合金的主体材质为金属铜，同时包含砷、银和碲等微量合金元素，色泽紫，抗氧化能力相对较差，易变色。镍包钢材质与钢芯镀镍材质类似。双色铜合金是白铜和黄铜材质的组合体，观赏性较强，2015 年开始发行的第二轮生肖普通纪念币的双色铜合金材质组合为内圆白铜，外圈黄铜。

贵金属纪念币的材质是金属金和金属银。金和银在古代社会是常用的货币金属，由于造价较高逐渐被取代，现今在日常生活中通常作为首饰、工艺品、投资理财产品出现。

中国发行的部分纪念币

金属金为黄色，熔点为 1064℃，沸点为 2856℃，密度为 19.3克/立方厘米，是密度较大的金属，质地软，延展性极好，1 克金可以抽拉成长达 3000 米的细丝，或者压延成厚度约 0.0001 毫米的薄片，化学性质极其稳定，耐酸碱，在任何温度下都不被氧化。

与金属铜一样，金属金是人类最早认识并加以利用的金属，自然界中也存在着天然金，至今还不时能看到拾获天然金块——"狗头金"的报道。大多数情况下，天然金混杂在岩石当中，伴随着风或流水的侵蚀，含有天然金的岩石变成了小颗粒状的砂砾，所谓"吹尽黄沙始见金"就是最简单的一种获得天然金的方法。当然，也可以用流水来淘洗含金的砂砾，这就是"淘金"一词的来历。

自古以来，金属金一直以其稀缺性、美观性和稳定性成为财富和地位的象征，无数人为之痴迷和追逐。有趣的是，正是西方古代文明中企图点石成金的"炼金术"促成了化学的诞生。

金属金不仅仅是用来观赏和收藏的，它在科技领域也有很多应用。比如，计算机中的中央处理器和内存条上就镀有金；金还是很好的催化剂，可以促进很多化学反应的进行；新冠病毒抗原检测中用到的胶体金也是纳米尺寸的金颗粒。金属金是那么珍贵，这些应用会不会造成成本极其高昂呢？这个担心大可不必，因为大多数场合下发挥作用的金的用量微乎其微。

金属银为银白色，熔点为 962℃，沸点为 2162℃，密度为 10.5克/立方厘米，质地较软，延展性仅次于金属金，反光能力极强，是导电性最好的金属，其化学性质不活泼，一般不与氧气反应。

中国古代社会的货币体系是"银本位"，也就是把白银作为主要货币，世界各国的达官贵人们还会使用银质的餐具、烛台。金属银具有抗菌的活性，银质餐具除了能彰显高贵，也有利于健康。虽然同为贵金属，相比于金，银的价格要便宜许多，寻常人家也用得起银质首饰。金属银的镀层是很好的反光镜面，日常生活中，很多镜子都是镀银的。放射医学领域用到的胶片也含有金属银，只不过其中银的颗粒非常小且呈黑色。

尽管化学性质不太活泼，但金属银在空气中还是会和含硫的物质发生反应生成黑色的硫化银，因此，长久保存的纯银制品会逐渐变得灰暗而失去往日银光闪闪的风采。这种性质在古代中国常被用于检验毒药砒霜。砒霜的化学成分是三氧化二砷，本不与金属银发生反应。但是，砒霜中常伴随有硫化物杂质，金属银与它们接触后会发黑，间接达到了验毒的目的。这在科学技术不太发达的古代，也不失为一种有效的法医检验方法。

没想到身边的硬币中竟然有这么多有意思的化学知识吧。让我们用心去观察、去探索，你就会发现身边更多的化学奥妙，也就更能体会出"万物皆化学"的真谛。

地球上的氧气还能维持多久

氧气是地球上大多数生命所必需的物质之一，有人担心氧气会被耗尽，那么，这种担心是不是杞人忧天呢？

地球上的氧气是怎么形成的

地球已经有 46 亿年的历史。在地球早期，大气层中的氧气含量极其稀少，含量只有百分之零点几，基本可以忽略不计，更多的是二氧化碳和氮气等。大约从 25 亿年前开始，地球大气层发生了第一次"大氧化事件"。生活在原始海洋等水域中的蓝藻等单细胞生物启动了这次事件，它们可以利用阳光进行光合作用并制造氧气，地球上的氧气含量开始渐渐增多。

在距今约 6 亿年的时候，地球上的氧气含量达到了 1% 左右。这时候，地球发生了第二次"大氧化事件"。地球海洋面积较大，温度适宜，非常适合蓝藻生长。地球海洋等水域中蓝藻大规模出现，使海洋中的氧气浓度成倍提升，而海水中的氧气通过气体交换进入大气层，又使大气层中的氧气含量也迅速增加。地球陆地上的动植物开始变多，而植物的大量出现，又使氧气加倍增加。到了距今约 3 亿年的石炭纪，氧气含量一度达到了 35% 左右。

地球上的氧气会耗尽吗

早在 100 多年前，就已有人为二氧化碳含量的增加而担心了。1898 年，英国物理学家威廉·汤姆森（开尔文勋爵）曾指出："随着工业的发展和人口的增多，这种情况十分让人担心。地球上的氧气 500 年后将全部被消耗光，只剩下日益增多的二氧化碳。"

然而多数人认为，不必担心氧气会被耗尽，主要理由是地球上生长着种类丰富、数量众多的绿色植物。世界上大量的绿色植物在光合作用中会吸收大量的二氧化碳，同时排出氧气。植物吸收阳光、水分和其他生物呼出的二氧化碳，释放出氧气，而氧气又被其他生物吸收利用。据科学实验分析，三棵大桉树每天吸收的二氧化碳相当于一个人每天呼出的二氧化碳的量。除了绿色植物在消耗二氧化碳外，科学家还发现在二氧化碳和水的作用下，

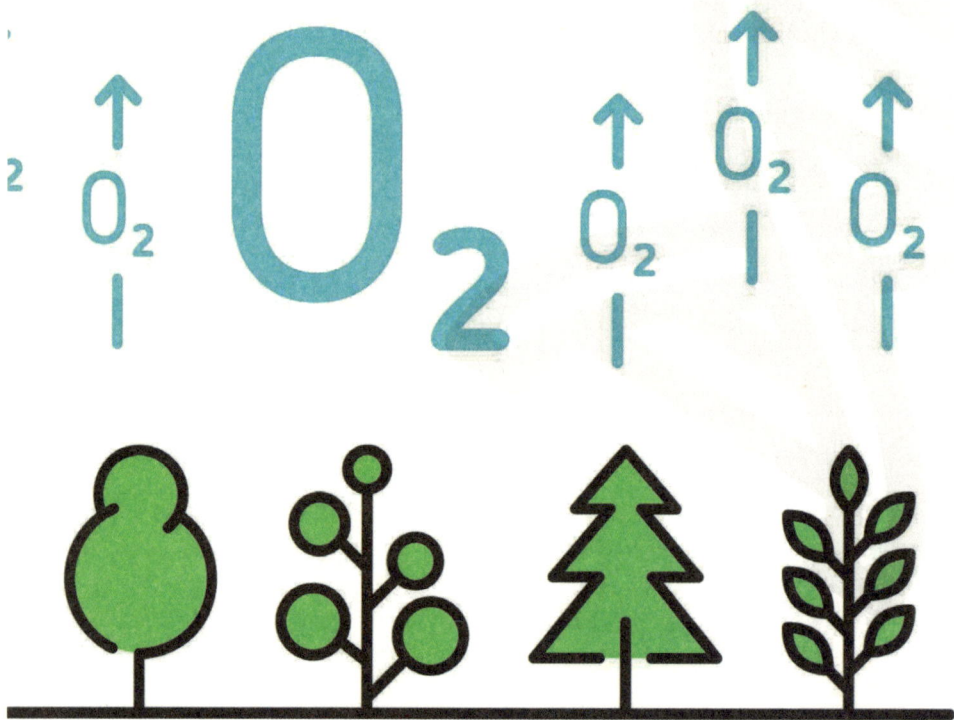

岩石中所含的碳酸钙会变成酸式碳酸钙，这种形式的碳酸钙可以溶解在水中。据分析，每年由于岩石风化可以耗掉大约 40 亿～ 70 亿吨二氧化碳，这些风化的岩石随着江河流入大海，再与石灰化合并重新形成石灰石，并以新的岩石形式沉入海底。

为了研究地球大气层将如何演化，日本科学家尾崎和海与美国科学家克里斯·莱因哈德共同建立了一个模拟地球气候和生物化学过程的地球系统模型。由于这些过程的发展存在不确定性，科学家采用了一种随机方式，从而能够对富氧大气的寿命进行概率评估。两位科学家对该模型进行了 40 多万次更改参数的操作，发现当前地球上的富氧大气状态可能还将持续 10 亿年，随后快速脱氧作用将使地球大气回到类似于 25 亿年前"大氧化事件"之前的早期状态。因此，专家指出这个模型得出的结论是：至少有一点已经很清楚，没有什么是永恒的，地球上的氧气也不例外。

为什么地球上的氧气浓度为 21%

科学家研究表明，地球在 46 亿年的时间里，先后经历了至少五次生物大灭绝。恐龙大约生存了 2 亿年，6500 万年前灭绝。恐龙时代终结后，再出现的生物体形变小了，直到人类的诞生，荷兰男性的平均身高为 1.8 米左右，已经是人类身高的"翘楚"，到了 2 米已经算是巨人了。跟恐龙时代的很多生物相比，人类就是矮子。于是有人产生一个疑问：为什么那时地球上的生物比现在大得多？

其实答案也不复杂，主要还是跟地球上的氧气浓度有关。大约 3 亿年前，地球上的氧气含量一度达到了 35% 左右，浓度是非常高的。那时候，植物异常茂盛，动物为了适应高含量的氧气，呼吸系统异常强大，体形自然也非常巨大，这是大自然选择的结果。每经历一次生物大灭绝，地球上氧气的浓度都会有所降低，再次诞生的动物为了适应这种变化，呼吸系统就要进行调整，体形也会为了适应这种变化而变小一些。到了 6500 万年前，一颗小行星撞击地球，地球生态系统遭到了严重破坏，地球的氧气含量也大幅下降。一直到氧气含量在 21% 左右的时候，人类就诞生了。如今，人类和其他动物已经完全适应了这样的环境，也正是因为人类的完全适应才使人类文明稳定地发展。地球上的氧气浓度低于 19.5% 时属于缺氧状态，氧气浓度高于 23.6% 时属于富氧状态，都会对人体有所影响。

如果氧气浓度减少会发生什么

如果地球上未来氧气浓度减少，会发生什么呢？首先，人类的体形可能会变小，身高也可能随着氧气浓度的降低不断变矮。这主要是因为如果氧气含量降低了，人类的呼吸系统也会跟着进行调整。呼吸系统的吸氧量变少，自然会影响人的身体，人类不仅会变矮，可能身体也没有现在强壮。不仅是人类，其他的动物也是一样。如果地球大气层变得稀薄，那么会限制动物的生存，当然，人类的数量也会减少。

人类会进化得越来越快乐吗

假如你中了大奖，中奖后的快乐感受能够持续多久？答案是：三个月。科学家发现，彩票中大奖的人一般三个月以后并不会比没中奖的人感觉更快乐。另外，研究发现，半身不遂的人刚开始往往无法接受这一现实，会比身体健全的人更不快乐，但是患病一段时间后，其快乐程度与健康人是不相上下的。同时，健康人也高估了疾病患者的痛苦指数。当意外或疾病刚发生的时候，人都会跟自己以前健康的时候相比，搞得自己很不快乐。然而，意外和疾病的影响会随着时间递减，所以长时间患病者或残障人士并没有像健康人所想得那么痛苦。

快乐由什么决定

关于快乐，科学家最重要的一项发现是：快乐取决于客观条件和主观条件之间是否相符。如果你想要一辆自行车，而你也得到了一辆自行车，你就会感到快乐。如果你想要一辆全新的宝马车，而得到的只是一辆二手的宝马车，你就会感觉不开心。正因为如此，不管是中大奖还是出车祸，对人们的幸福感并不会有长期影响。一切顺利的时候，我们的期望值跟着膨胀，于是就算客观条件改善了，我们还是可能不满意。在一切不顺的时候，我们的期望值也变得保守，于是就算碰上其他的麻烦，很可能心情不会更低落。

最新科学研究表明，我们的心理和情感由经过数百万年演化的生化机制所塑造。也就是说，人们的心理状态并不完全由外在因素（例如工资、社会关系）来决定，而主要是由神经、神经元、突触以及各种生化物质构成的复杂系统而定。所以，不管是中了大奖、买了房子、升官发财或是找到了真正的爱情，都不是让我们快乐的主要原因。

我们能够快乐的主要原因，是身体内的生化物质产生一种激素，让我们的大脑神经感受到快感。虽然我们总是想在人间创造出快乐的天堂，但人体的内部生化系统似乎对快乐的产生多有限制，只会维持在恒定水平。有学者认为，人类的生化机制就像个恒温空调系统，不管是严寒还是酷暑都要想办法保持恒定。虽然遇到某些事件会让温度暂时有波动，但最后总是会调整到原来设定的温度。快乐或痛苦在演化过程中的作用，就只在于鼓励或阻挡生存和繁衍。所以不难想象，人类演化的结果，就是不会太快乐，也不会太痛苦。

为什么有些人更加快乐呢

也许你会问：如果感受快乐的生化机制像个恒温的空调系统，为什么在生活中一些人总是看上去比其他人更快乐呢？我们知道，有些空调系统设定在 25℃，也有的会设在 20℃。至于人类的快乐空调系统，也是人人设定有所不同。如果说快乐的程度从弱到强可分为 1 ~ 10 分，有些人的生化机制天生开朗，就会允许自己的情绪在 6 ~ 10 分徘徊，大约稳定在 8 分。像这样的人，即使工作很累、挣钱不多，甚至被诊断有慢性病，也会相当乐观。但也有些人天生有着阴郁的生化机制，情绪在 3 ~ 7 分徘徊，大约稳定在 5 分。像这样的人，就算有很好的工作、钱一辈子都花不完，还是会相当忧郁悲观。想想我们身边的人，是不是有些人不论遇到多么糟糕的事，还是能保持愉快？是不是也有些人，不管得到了多大的恩赐，还是一直郁郁寡欢？这是由天生的生化机制决定的。

我们比古人更快乐吗

很多人认为，我们现在有汽车、飞机、电脑、手机，古人连电灯、电视都没有享受过，现代人肯定比古人更快乐。事实真的是这样吗？

举一个例子，我们现在习惯每天都要洗澡更衣，但在几百年前，大多数人好几个月都不会洗澡，而且也很少会换衣服。对现代人来说，光是想到要这样生活，就觉得不能忍受。但是过去人们似乎一点都不介意。这种衣服长时间没洗没换的触感和气味，他们早就已经习惯。他们并不是因为太穷而无法负担换洗衣服，而是压根没有这种期望。正如手机发明之前，人们并没有感到没有手机就不方便；智能手机发明之前，人们并没有感觉没法用手机上网就不快乐。因为那时人们并没有这种期望。

　　相反，对于现代人来说，虽然物质生活条件大大优越于过去，但是我们也越来越期望得到舒适和快感，也越来越不能忍受不便和不适。结果就是我们感受到的痛苦程度可能要高于我们的先人。